Kerstin Kraska-Lüdecke

Unser Baby

Außerdem erhältlich:
- Massagen für Ihr Baby - Wohltuende und sanfte Berührungen
- Kinder spielend fördern - Entwicklung gezielt unterstützen
- Wie Kinder glücklich werden - Harmonisch durch den Familienalltag
- Unterwegs mit Kindern - Ratespiele, Rätsel und Reime für fröhliche Reisen
- Kinder lieben Lieder - Mit Musik und Spaß durchs Leben
- Klare Regeln für Kinder - Mit Liebe und Konsequenz erziehen
- So wird mein Kind sauber - Trocken und zufrieden ohne Windel
- Wie Kinder schlafen lernen - Entspannt und ruhig durch die Nacht

compact via ist ein Imprint der Compact Verlag GmbH

© 2010 Compact Verlag GmbH München

Redaktion: Anja Fislage
Produktion: Wolfram Friedrich
Titelabbildungen: fotolia.com/Melissa Schalke (o. li.), fotolia.com/Johanna Zielinska (o. M.), polylooks/M.Rohlf (u. li.), mauritius images (u.)
Typografischer Entwurf: h3a GmbH, München
Umschlaggestaltung: h3a GmbH, München

ISBN 978-3-8174-8237-5
5382371

Besuchen Sie uns im Internet: www.compact-via.de

Inhalt

Vorwort

Endlich ist Ihr Baby da! In den vergangenen neun Monaten ist es geborgen in Ihrem Bauch herangewachsen und hat sich prächtig entwickelt. Sie waren voller Vorfreude und haben die Schwangerschaft mit all ihren Höhen und Tiefen durchlitten! Nun ist Ihr Kind auf der Welt, und damit beginnt für Sie nun ein völlig neuer Lebensabschnitt. Das Baby ist noch sehr klein, hilfsbedürftig, und in allen Dingen auf Vater und Mutter angewiesen. Aber gleichzeitig entwickelt es sich in seinem ersten Lebensjahr besonders rasant! Nie wieder wird es solche großen Entwicklungsschritte machen wie in den ersten zwölf Monaten seines Lebens!

Ihnen steht nun eine sehr aufregende, aber auch anstrengende Zeit bevor. Es wird viele Glücksmomente mit dem Baby geben, aber auch viele Tiefpunkte. Gerade Paare, die ihr erstes Kind bekommen, stehen den ungewohnten Anforderungen oft ratlos gegenüber: Sie verzweifeln, wenn ihr Sprössling mal wieder die Nacht durchgeschrien hat. Zahlreiche Fragen gehen ihnen nun durch den Kopf: Wann und wie oft soll das Baby gestillt werden, wie oft gewickelt? Wann sollten Sie das erste Fläschchen geben, wann den ersten Brei füttern? Was ist zu tun, wenn die Zähnchen kommen? Bei aller Sorge um das Wohlergehen Ihres Kindes müssen Sie zusätzlich die Entwicklung vom Paar hin zur Kleinfamilie vollziehen. Von nun an gilt es, Kind, Familie, Beruf und Freunde unter einen Hut zu bringen.

Kaum ist das Baby auf der Welt, müssen auch zahlreiche Papiere angefordert, Anträge gestellt und Anmeldungen ausgefüllt werden. Und damit nicht genug: Das Neugeborene muss untersucht und geimpft werden, und seine Entwicklungsschritte werden regelmäßig vom Kinderarzt kontrolliert. Nun müssen Sie sich um das neugeborene Kind kümmern, den Haushalt bewältigen und mögliche Geschwisterkinder in den Alltag mit dem Baby einbinden.

Viele neue Eindrücke und Erfahrungen stürmen in diesen ersten zwölf Monaten auf die noch junge Familie ein. Vater und Mutter müssen sich nun zu regelrechten „Experten" entwickeln, um mit brisanten Themen wie Stillen, Koliken, Wickeln und Ernährung zurechtkommen.
Dieser Ratgeber soll Ihnen mit vielen Tipps, Tricks und Ratschlägen helfen, das erste Jahr mit Ihrem Baby möglichst entspannt und harmonisch zu erleben!

Erstausstattung und Pflege

Die ersten Tage zu Hause

Zu Hause ist nun alles neu, alles anders. Der bisherige Alltag mit Aufstehen, Arbeiten, Relaxen und der Freizeit mit Freunden ist zunächst passé. Ab sofort steht etwas ganz anderes im Mittelpunkt: das Baby! In der ersten Zeit mit Kind stellen Sie sehr schnell fest, wie sehr sich Ihr Leben und Ihr Alltag doch verändert haben. Aber es macht Ihnen nichts aus: Das Entzücken über Ihr wunderbares Kind macht alles andere wett. Deshalb verbringen viele Eltern nicht selten die ersten Tage und Wochen ausschließlich daheim in unmittelbarer Nähe des Babybettes. Sie schauen, beobachten – und lernen. Dadurch lernen sie ihr Kind besser kennen und wissen bald auch, seine Bedürfnisse und Empfindungen zu deuten.

Die Erstausstattung

Es bereitet viel Spaß und steigert die Vorfreude auf den kleinen Erdenbürger, die kleinen Hosen, süßen Strampelanzüge und den Kinderwagen für das Baby zu kaufen, und man sollte gut vorbereitet sein.

Kleidung

Die ersten Strampler für das Kind sollten Sie sich schon vor der Geburt besorgen und bereitlegen. Sind die Babysachen neu, sollten Sie sie mindestens einmal waschen, ehe man sie dem Neugeborenen anzieht: So wäscht man evtl. vorhandene Farbstoffe heraus. Benötigt wird für den Anfang nicht viel. Meistens reichen für die Erstlingsausstattung die kleinsten Größen 56 oder 62, je nach Gewicht des Kindes.

Kleidung für die erste Zeit

- ○ drei bis vier Strampler
- ○ vier bis sechs Bodys, je nach Jahreszeit mit langem, kurzem oder ohne Arm

> **TIPP**
>
> **Betreuung durch eine Hebamme**
> Jede schwangere Frau, besonders dann, wenn sie ihr erstes Kind erwartet, sollte sich nach einer Hebamme umsehen. Egal, ob die Geburt zu Hause oder in der Klinik stattfinden soll, auf die intensive Betreuung nach der Geburt durch solch eine geschulte Fachkraft sollten Sie nicht verzichten. Jede Schwangere, die gesetzlich krankenversichert ist, hat einen Anspruch auf Hebammenhilfe.

- ❍ zwei bis vier einteilige Schlafanzüge
- ❍ vier bis sechs Oberteile mit langem oder kurzem Arm, je nach Saison
- ❍ zwei bis vier Paar Söckchen, oder ein paar weiche Schuhe aus Leder oder Stoff
- ❍ eine Jacke
- ❍ ein bis zwei Mützen
- ❍ ein Paar Fäustlinge, je nach Jahreszeit

Einrichtung des Babyzimmers
- ❍ ein Kinderbett, wahlweise geht in den ersten Wochen auch ein Stubenwagen oder sogar der Kinderwagen
- ❍ ein Kinderschlafsack

- ❍ ein Bettlaken und eine Decke
- ❍ ein Platz zum Wickeln: Das kann eine spezielle Wickelkommode oder einfach eine Wickel-Auflage sein
- ❍ ein Windeleimer mit Deckel
- ❍ evtl. ein Mobile oder eine Spieluhr

Unterwegs
Natürlich möchten die stolzen Eltern nun auch einmal mit ihrem Kind spazieren gehen und den Nachwuchs in der Nachbarschaft präsentieren. Wichtig ist es für Sie, nachzuschauen, ob Ihr Neugeborenes richtig angezogen ist, also weder friert noch schwitzt. Überprüfen kann man dies, indem man dem Baby einfach die Finger in den Nacken legt: Fühlt sich dieser warm und trocken an, dann ist alles in Ordnung. Sollte es zu stark schwitzen, kann man die Decke anheben oder das Jäckchen ausziehen. Eine Besonderheit ist das Mützchen: In den ersten Lebenswochen schützt es das Baby vor einem zu starken Wärmeverlust, deshalb kann man es auch in warmen Räumen anlassen.

Pflege
Für die tägliche Pflege des Neugeborenen reichen ebenfalls einige wenige Sachen aus:
- ❍ ein halbes Dutzend Mullwindeln. Diese kann man auch als Spucktücher

INFO

Bonding

Als Bonding (engl. Bindung) bezeichnet man die erste Kontaktaufnahme zwischen Mutter oder Vater und Kind nach der Geburt. Wenn die Mutter oder der Vater das Baby zum ersten Mal sehen und in den Armen halten, dann ist dies ein sehr intensiver Moment voll von starken Empfindungen und Glücksgefühlen. Viele Eltern weinen vor Rührung und Freude und können anfangs gar nicht genug von ihrem Nachwuchs bekommen.

verwenden, um dem Baby den Mund abzuwischen. Liegt es im Kinderwagen, sind die Mulltücher sehr praktisch als Kopfunterlage, da das Kind nach dem Füttern meistens schläft und nicht selten dabei einen Teil der aufgenommenen Milch wieder ausspeit. Um sein Kind ein „Bäuerchen" machen zu lassen, wird es von Müttern gern über die Schulter gelegt. Auch hierfür eignet sich das Tuch als Spuckunterlage hervorragend.

○ Pflegemittel wie Cremes, Babyöl und Feuchttücher, evtl. auch Babypuder
○ ein oder zwei Badetücher mit Kapuze
○ ein Badethermometer

Wickeln: wie oft und wie?

Neugeborene schreien in den ersten Lebensmonaten sehr viel, und besonders dann, wenn ihre Windel voll ist. Der Kontakt der noch sehr empfindlichen Babyhaut mit Nässe und Feuchtigkeit ist den Kleinen sehr unangenehm. In der ersten

Zeit sollten Sie deshalb mindestens sieben- oder achtmal täglich die Windeln wechseln. Sind die Babys bereits mehrere Monate alt, reichen etwa fünf Windeln täglich.

Das „Trockenlegen" des Babys sollte in einem angenehm warmen Raum stattfinden, 22 bis 24 Grad Celsius sind dafür ideal. Wenn der Wickeltisch in einem eher kalten Zimmer steht, ist eine zusätzliche Wärmequelle nützlich. Auch Zugluft sollte beim Wickeln möglichst vermieden werden.

TIPP

Wickel-Equipment
- ❍ frische Windeln
- ❍ Waschlappen
- ❍ weiche Zellstofftücher
- ❍ eine Schüssel mit warmem Wasser
- ❍ feuchte Pflegetücher
- ❍ Pflegelotionen, Creme oder Öl

Wenn die Windel gelöst ist, kann man Babys Po zunächst mit einem weichen Zellstofftuch vorreinigen. Danach wäscht man den Windelbereich mit warmem Wasser ganz sauber. Bei Neugeborenen muss man darauf achten, dass auch der Nabel mitgesäubert wird, bis er verheilt ist. Bei Mädchen sollten Sie die Reinigung immer von der Scheide weg zum Po vornehmen, damit keine Darmbakterien dort hineinkommen können. Die Schamlippen sowie die Falte zwischen der großen und der kleinen Schamlippe müssen ebenfalls gesäubert werden. Bei Jungs ist es wichtig, dass die Vorhaut des Penis in den ersten Lebensjahren noch nicht zurückgeschoben werden darf, weil dadurch Verletzungen und Entzündungen entstehen können. Zum Reinigen kann man alternativ auch Baby-Feuchttücher benutzen. Besonders praktisch sind diese für unterwegs. Ist

das Baby nun sauber und mit weichen Tüchern abgetrocknet, sollten Sie es einige Minuten ohne Windeln strampeln lassen. Es ist wichtig, dass Luft an den Windelbereich herankommt, denn dies beugt dem Wundwerden vor und schon gerötete Haut heilt so besser.

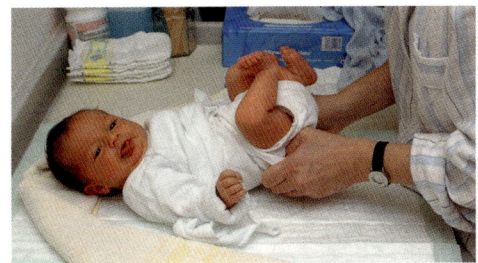

Richtig Windelwechseln
- ❍ die Windeln nach jeder Mahlzeit des Babys, aber spätestens nach drei bis vier Stunden wechseln
- ❍ den Babypo nach jedem Stuhlgang gründlich säubern
- ❍ den Windelbereich mit klarem, warmem Wasser und schonenden Ölpflegeprodukten reinigen
- ❍ den Po nie stark trocken rubbeln, sondern sanft abtupfen
- ❍ nicht zu viel Creme auftragen
- ❍ das Kind sollte keine sauren Fruchtsäfte, Obst oder saure Joghurts zu essen bekommen, die Mutter während der Stillzeit auf saure und scharfe Lebensmittel verzichten

Babys Po: Puder, Creme, Öl

Die Haut am Po des Babys ist gerade in den ersten Lebensmonaten sehr empfindlich. Der ständige Kontakt mit dem feuchtwarmen Windelklima, dem Stuhl und dem säurehaltigen Urin belastet diese Körperpartie sehr. Reizungen sind hierbei leicht möglich. Für die zarte Babyhaut gibt es in Apotheken und Drogeriemärkten spezielle Cremes, die auf die noch sehr empfindliche Haut eines Neugeborenen abgestimmt sind.

Nach der intensiven Reinigung sollte die Haut deshalb mit einer Nässe abweisenden Wundschutz-Creme behandelt werden. Dabei sollten Sie aber nicht zu viel Creme nehmen: Die heilende Wirkung verdoppelt sich nicht durch die zweifache Menge. Und beim nächsten Windel-

TIPP

Wunder Po

Trotz aller Vorsichtsmaßnahmen kann es passieren, dass Babys Po wund wird. In diesem Fall wird empfohlen, die Haut mit einer zinkhaltigen Salbe einzucremen. Sie sollten es allerdings nicht gleichzeitig mit dem Puder auftragen, denn dadurch würde die zarte Babyhaut erst recht gereizt.

wechseln muss das überschüssige Fett erst aufwendig entfernt werden. Dieses kann sich außerdem in der Vliesschicht der Windel ansammeln und so die Saugkraft reduzieren.

Puder wurde lange für Babypos benutzt, weil er – besser als die Creme – überschüssige Feuchtigkeit aufsaugt. Nach neuesten Erkenntnissen raten Kinderärzte aber, Puder nur nach ausdrücklicher Empfehlung des Kinderarztes zu verwenden. Der Grund: Es besteht immer die Möglichkeit, dass das Baby die Puderdose umwirft. Der eingeatmete Puder stellt für ein Neugeborenes ein gesundheitliches Risiko dar.

Das besonders hautverträgliche Babyöl eignet sich sehr gut für die empfindlichen Hautzonen. Speziell der besonders beanspruchte Windelbereich wird durch das milde Öl beruhigt und erlangt sein natürliches Gleichgewicht zurück. Bei regelmäßiger Anwendung wird die Haut so optimal gepflegt.

Körperpflege des Babys

Die Babyhaut sieht rosig aus und wirkt gesund und kräftig. Doch der Anschein täuscht. Das größte Organ des Menschen, die Haut, ist kurz nach der Geburt noch nicht voll ausgereift. Ihr fehlt noch die robuste Hornschicht, die bei Erwachsenen oder älteren Kindern den Körper vor äußeren Einflüssen schützt. Die Babyhaut dagegen ist sehr empfindlich und anfällig für Irritationen. Nach der Geburt ist die schützende Käseschmiere verschwunden, und Babys Haut ist nun noch recht ungeschützt und empfänglich für Reizungen und Infektionen. Besonders empfindlich ist dabei der Windelbereich.

Baden

Zum ersten Mal sollte ein Säugling erst ein Wannenbad bekommen, wenn sein Nabel vollständig verheilt ist. Solange er noch entzündet aussieht oder nässt, sollten Sie Ihr Kind lieber von Kopf bis Fuß waschen und die Stelle am Bauch auslassen. Ist der Nabel geheilt und hat keine Krusten mehr, so muss man ihn auch in die regelmäßige Pflege mit einbeziehen, denn in dieser Hautfalte kann sich Schmutz ansammeln.

Da die Babyhaut noch sehr zart ist, sollten Sie Ihr Kind nur etwa ein- oder zweimal pro Woche baden. Badet man zu lange und zu häufig, trocknet die Haut zu sehr aus. Wer ein Kind hat, dessen

Haut ohnehin schon trocken aussieht, der kann dem Wasser einen rückfettenden Badezusatz speziell für Babys hinzufügen. Alternativ wird auch einfach ein Esslöffel reines Olivenöl als Zusatz empfohlen. Natürlich gilt für das Neugeborene die Regel, dass man es nicht direkt nach einer Mahlzeit in die Wanne setzen sollte. Ansonsten kann man die Tageszeit für das vergnügte Planschen in der Wanne frei wählen.

Um den Säugling schließlich in die Wanne zu heben, legt man ihn am besten in die linke Armbeuge. Der Kopf des Babys liegt nun auf dem linken Unterarm, während man mit der linken Hand den linken Arm des Kindes umfasst. Die rechte Hand greift nun unter den Po,

und so kann man seinen kleinen Schatz mit ruhigen Bewegungen und beruhigenden Worten, die Füße voran, in das warme Wasser setzen. Möchte man sein Baby in Bauchlage baden, so fasst man mit der linken Hand unter seine Brust bis zu seiner Achselhöhle. Nun ruht das Baby bäuchlings auf dem linken Arm von Mutter oder Vater, und diese können es mit der rechten Hand mit einem weichen Lappen waschen. Eltern, die dies zum ersten Mal ausprobieren, sollten es am besten zu zweit versuchen: Vier Hände halten eben mehr als zwei, besonders dann, wenn man das tropfnasse Baby aus der Wanne heraushebt. Normalerweise quietschen die Kleinen vor Vergnügen, wenn sie ins warme Wasser eintauchen. Sollte ein Kind aber Angst haben und weinen, so können Vater oder Mutter mit gutem Beispiel vorangehen und sich selbst in die Badewanne setzen – mit dem Säugling im Arm. So gewöhnt man auch sehr ängstliche Kinder gut an ein Wannenbad.

TIPP

Rutschfeste Unterlage

Egal, wie groß oder klein die Wanne ist, am besten ist es, wenn man noch eine rutschfeste Unterlage hineinlegt. Es gibt auch spezielle Badehilfen für kleine Kinder, die sie beim sicheren Sitzen in der Wanne unterstützen. Trotzdem sollten Eltern ihr Baby oder Kleinkind niemals unbeaufsichtigt im Wasser sitzen oder liegen lassen!

Augenpflege

In den ersten Lebenstagen haben Neugeborene oft verklebte Augen. Das liegt daran, dass sie bei der Geburt Blut oder Fruchtwasser ins Auge bekommen haben und sich dann in den Augenwinkeln ein gelbes Sekret gebildet hat.

Nachdem man dem Baby Augentropfen zur Vorbeugung gegen Infektionen gegeben hat, muss man seine Augen gründlich auswaschen. Am besten eignet sich dazu eine sterile Lösung oder steriles Wasser. Vorsichtig tupft man nun von der Außenseite des Auges nach innen, Richtung Nasenwurzel. Die Augenflüssigkeit wird normalerweise von einem kleinen Kanal, dem Tränennasengang, aufgenommen. Bei manchen Kindern öffnet sich dieser Gang erst kurz nach der Geburt. Bis dies geschehen ist, sollten Sie die Augen durch intensive Pflege sauber halten.

Wie pflegt man Ohren und Nase?

Zu einer regelmäßigen Rundumpflege gehört selbstverständlich auch die Reinigung von Ohren und Nase. Das äußere Ohr kann man während eines Bades ganz einfach mit einem feuchten Waschlappen reinigen. Wattestäbchen sollten Sie bei Neugeborenen nicht benutzen, da dies zu Verletzungen des Trommelfelles führen kann. Es ist auch noch nicht unbedingt nötig, den Ohrenschmalz zu entfernen. Er hilft nämlich, die Haut im Gehörgang feucht zu halten und Staub und Schmutz fernzuhalten. Außerdem enthält er Stoffe, die Bakterien bekämpfen und sogar Insekten davon abhalten, in den Gehörgang zu gelangen. Wenn ein Baby zu häufig in den Ohren gewaschen wird oder zu oft schwimmen geht, kann es sein, dass dieser organische Schutz verloren geht und das Kind Ohrenschmerzen bekommt.

Babys Nase ist eigentlich problemlos und braucht keine spezielle Pflege. Haben sich dennoch leichte Krusten gebildet, so kann man die Naseneingänge mit einem sauberen Zelltuch oder einem feuchten Waschlappen reinigen. Anschließend gut trocken tupfen.

Fuß- und Fingernägel

In den ersten vier Wochen nach der Geburt hat das Baby noch sehr weiche Finger- und Fußnägel. Deshalb sollten Sie erst ab dem zweiten Lebensmonat damit beginnen, diese zu schneiden. Denn nun ist das Neugeborene schon in der Lage, sich damit im Gesicht zu kratzen. Dann ist es wichtig, die Nägel regelmäßig zu kürzen und darauf zu achten, dass sie abgerundet sind und keine scharfen Kanten haben.

Wenn man sich an die Nagelpflege machen will, klappt dies am besten, wenn der Sprössling tief und fest schläft. Wenn man dabei vorsichtig ist, wird das Kleine auch nicht aufwachen. So kann er nicht zappeln und es besteht keine Verletzungsgefahr. Man sollte dabei die kleine Hand des Kindes fest in die eigene nehmen. Im gleichen Zuge können dann die Fußnägel mitgeschnitten werden. Man sollte diese möglichst gerade schneiden, und darauf achten, dass sie nicht einwachsen.

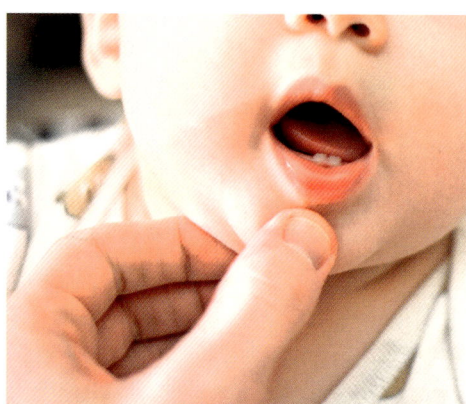

Pflege der ersten Zähnchen

Die Baby-Zahnpflege fängt schon viel früher an, als es manche Eltern vermuten, nämlich direkt nach der Geburt. Natürlich hat das Kind dann noch gar keine Zähnchen, aber dennoch wird das erste Zahnen bereits gut vorbereitet: Die Kinderärzte verabreichen nämlich jetzt schon die Vitamin-D- und Fluor-Prophylaxe. Das Fluor wird dann vom Körper in den bald wachsenden Zahn eingebaut, und so wird sichergestellt, dass er später unempfänglicher gegenüber Karies ist. Bei der Dosierung des Fluors sollten Sie sich genau an die Vorgaben halten. Eine Überdosierung könnte Fluorose beim Baby auslösen, bei der sich weiße bis braune Verfärbungen, z. B. Flecken oder Streifen auf der Zahnoberfläche bilden. Symptome einer akuten Fluoridvergiftung sind u. a. Übelkeit, Erbrechen, Durchfall, Bauchschmerzen. In solchen Fällen muss das Kleinkind erbrechen und bekommt dann viel Milch zu trinken. Den noch zahnlosen Kieferbereich des Babys sollten Sie schon früh mit einem Wattestäbchen oder ganz einfach mit dem sauberen Finger massieren. Dies ist

INFO

Zunge mitputzen

Auch die Zunge Ihres Babys muss mitgeputzt werden! Denn sie ist ein großes Reservoir für Bakterien, die u. a. Zahnprobleme wie Karies und Parodontitis auslösen können.

eine einfache und harmlose Methode, um den Mundbereich zu säubern. Wenn die ersten Zähnchen kommen, meistens ab dem dritten bis vierten Monat, werden regelmäßig alle Zahnbeläge entfernt. Wird das Kind noch gestillt, werden die kleinen Beißerchen zwar nur mit dem weniger gefährlichen Milchzucker umspült, man sollten Sie dennoch gründlich mit Wattestäbchen oder einer Zahnbürste mit Gumminoppen reinigen. Bekommt das Baby zuckerhaltige Milch oder z. B. Fruchtsäfte zu trinken, so sollten Sie danach mindestens eine halbe Stunde mit dem Zähnchenputzen warten: Sonst wird der durch die Fruchtsäure leicht angelöste Zahnschmelz mit entfernt.

Sobald das Kind mehrere Zähnchen hat, können diese mit einer normalen Kinderzahnbürste geputzt werden, wobei man im ersten Lebensjahr noch auf Zahnpasta verzichten kann. Man beginnt zunächst damit, die Außenseiten der Zähne zu säubern, danach die Innenseiten der vorderen Zähne. Anschließend widmet man sich den breiteren Kauflächen der Backenzähne und schließt dann mit deren Innenseiten ab. Wenn die Reihenfolge nicht ganz genau eingehalten wird, ist dies natürlich nicht weiter schlimm. Wichtig ist nur, dass alle

INFO

Ansteckungsgefahr

Sie selbst können übrigens Karies auf Ihre Kinder übertragen: Wenn Sie unter Kariesbefall leiden, dann reicht es schon, wenn Sie den Schnuller Ihres Kindes in den Mund nehmen oder einen Löffel ablecken und ihn anschließend dem Baby in den Mund schieben. Mütter und Väter sollten also darauf achten, dies zu unterlassen, und ihre eigenen Zähne ebenso zu pflegen wie die ihres Kindes.

Seiten der Zähnchen in das Putzen mit einbezogen werden.

Haarpflege

Auch wenn ein Baby nur wenig oder kaum Haare hat, sollten Sie es schon bald an das Haarewaschen mit einem milden speziellen Babyshampoo gewöhnen. Denn kaum ein Kind mag es am Anfang, den Kopf gewaschen zu bekommen. Lassen Sie sich auch durch lautes Protestgeschrei nicht davon abhalten. Je früher man mit der Haarpflege beginnt, umso leichter fällt es, sobald das Kind größer ist. Wichtig ist dabei, dass man sehr sanft und vorsichtig vorgeht. Bei Neugeborenen reicht es, wenn man ihnen die Haare nur nach Bedarf oder einmal pro Woche wäscht. Man kann dies einfach mit der Hand oder einem sehr weichen Baumwolllappen machen. Beim sanften Reiben auf dem Köpfchen muss man aber darauf achten, die noch nicht vollständig geschlossenen Fontanellen im oberen Kopfbereich nicht zu hart zu drücken. Die Fontanellen sind Öffnungen im Schädelknochen des Babys. Diese sind dazu da, das Schädeldach bis zur Geburt flexibel zu halten. Sie schließen sich erst im Verlauf der ersten beiden Lebensjahre. Aber keine Sorge: Diese Fontanellen sind keine wirklichen Löcher. Sie werden vielmehr durch ein sehr robustes Gewebe geschützt. Deshalb ist es kein Problem,

INFO

Milchschorf

Es kommt vor, dass die ja meistens gut sichtbare Kopfhaut des Babys rote Flecken oder eine Art heller Schuppen aufweist. Dieses Phänomen wird als Milchschorf bezeichnet und ist von harmloser Natur. Normalerweise geht der Milchschorf von ganz alleine zurück, wenn man den Kopf des Babys regelmäßig mit einem milden Shampoo wäscht.

auch bei ganz kleinen Babys die Kopfhaut behutsam zu berühren.

Nabelpflege

Der Nabel darf nicht nass werden. Ist dies doch geschehen, so sollten Sie ihn vorsichtig trocken tupfen. Er muss regelmäßig gesäubert werden, dies ist aber nicht nach jedem Wickeln notwendig: Es reicht, wenn man ihn einmal täglich mit sterilisiertem Wasser abtupft. Wer mag, kann eine Calendula-Essenz aus der Apotheke zum Säubern verwenden. Sie beugt zusätzlich Infektionen vor. Mittel, in denen Alkohol enthalten ist, gehören nicht an die Nabelschnur. Hat sich Schorf am Nabel gebildet, dann sollten Sie diesen nicht selbst zu lösen versuchen – dies könnte das Baby verletzen. Schorfige Stellen sollten Sie höchstens mit einem nassen weichen Tuch vorsichtig antupfen und somit einweichen. Beim Anlegen der Windel muss man darauf achten, dass die Windel unterhalb des Nabels endet und an der wunden Stelle nicht scheuern kann. Notfalls muss die fertige Windel einmal nach unten umgeklappt werden, damit der Bereich rund um den Nabel frei bleibt. Gerade bei Jungen kann es passieren, dass sie beim Wasserlassen im Liegen auch die Nabelschnur treffen – dann einfach mit Calendula-Essenz abtupfen.

Baby-Yoga

Yoga für Mütter und Babys wird sicherlich diejenigen besonders ansprechen, die vielleicht vor oder während der Schwangerschaft schon Yoga-Kurse besucht haben. Beim Baby-Yoga werden sanfte Yogaübungen mit leichter, entspannender Massage verbunden. Diese Übungen sollen nicht nur Mutter und Kind guttun und ihnen ein körperlich neues Wohlbefinden vermitteln. Sie sind auch bestens dazu geeignet, sich gegenseitig besser kennenzulernen und eine harmonische und positive Beziehung zueinander aufzubauen.

Auch Ungeübte können in solch einen Kursus jederzeit einsteigen, denn die Übungen sind einfach und leicht. Zu Beginn wird das Baby beispielsweise leicht massiert, ehe die eigentlichen Übungen folgen. Dabei sollen der Vater oder die Mutter die Arme und Beine ihres Kindes behutsam in bestimmte Yoga-Positionen bringen. Die verschiedenen Körperübungen fördern die Beweglichkeit und den Gleichgewichtssinn des Säuglings und verleihen ihm gleichzeitig Kraft und Energie. Natürlich macht auch die Mutter spezielle Yoga-Übungen, die ihr nicht nur inneren Ausgleich schenken, sondern auch ihren Körper straffen und so den Rückbildungsprozess fördern. Solch ein Kursus tut also nicht nur dem Kind gut, sondern kann gleich als Wellness-Programm für die ganze Familie verstanden werden. Neben der gebotenen Entspannung wird mit diesen Kursen auch das Tiefschlafverhalten der Säuglinge gefördert.

Baby-Yoga steht bei den Kursen unter dem Oberbegriff „Baby-Wellness" ganz oben. Entwickelt wurde diese Technik von einer englischen Yoga-Lehrerin. Sie nahm zu Recht an, dass die positiven Wirkungen von Yoga, nämlich Entspannung, Energiegewinn und die Vereinigung von Körper und Geist, auch den Kleinsten bereits guttun müssten.

Ernährung
des Babys

Das Stillen

Bereits kurz nach der Geburt erleben Mutter und Kind ein erstes, inniges Beisammensein: Das Neugeborene wird an Mamas Brust gelegt und beginnt zu saugen. Nun steht die Welt fast still vor Glück, denn die Mutter weiß, dass sie ihr Kind aus eigener Kraft ernähren kann.

TIPP

Stillfreundliche Geburtskliniken

Viele Geburtskliniken sind mit dem Prädikat „stillfreundlich" versehen. Darin wird die junge Mutter aktiv beim Stillen begleitet und beraten. So helfen kurz nach der Geburt freundliche Schwestern, das Kind an die Brust anzulegen und zeigen die besten Methoden dafür. Ein Rooming-in, also das Zusammensein von Mutter und Kind in einem Raum, ist in solchen Kliniken rund um die Uhr möglich.

Doch das Stillen klappt nicht immer so reibungslos, wie man es sich wünscht. Viele Frauen haben anfangs Schwierigkeiten damit und viele greifen dann zu schnell zum Fläschchen. Dabei gilt zunächst: Ruhe bewahren und ausprobieren. Denn alle Frauen haben die Fähigkeit, ihre Kinder zu stillen, von Mutter Natur mit auf den Weg bekommen.

Vorzüge der Muttermilch für das Baby

Die Muttermilch setzt sich aus Tausenden von Substanzen zusammen, die wichtig für die Entwicklung eines Babys sind. Dazu gehören z. B.:

- Vitamine
- Wachstumsstoffe
- Hormone wie Leptin, das wichtig für den Fettstoffwechsel ist
- Antikörper oder Immunstoffe (Eiweißmolekül der Körperabwehr, das Körperfremdes erkennt, markiert und unschädlich macht)

Die Mischung, aus der die Muttermilch besteht, ist in ihrer Zusammensetzung perfekt und genau auf die Bedürfnisse des Neugeborenen abgestimmt. In den ersten vier Lebensmonaten bekommt der Säugling so alles, was er braucht.

Die Menge der Milch ist ebenfalls stets so bemessen, dass das Kind nicht überfüttert werden kann. Somit wird auch späteren möglichen Gewichtsproblemen vorgebeugt. Das enthaltene Hormon Leptin ist wichtig für den Fettstoffwechsel des Kindes und signalisiert ihm, wann es satt ist.

TIPP

Ernährung der stillenden Mutter

Die Ernährung sollte sich also im Großen und Ganzen aus diesen Komponenten zusammensetzen:

❍ viel Obst und damit Vitamine
❍ reichlich Gemüse
❍ viele Getreideprodukte
❍ bei Reis, Nudeln, Müsli und Brot Vollkornprodukte bevorzugen
❍ reichlich Kartoffeln
❍ Fleisch in Maßen
❍ Milchprodukte täglich, da eine Frau in der Stillzeit einen höheren Kalziumbedarf hat
❍ wenig Fett
❍ wenig Süßes
❍ Kaffeeverbrauch einschränken
❍ Alkohol ganz meiden

Die enthaltenen Antikörper schützen das Kind außerdem vor zahlreichen Infektionen. Dazu gehören Entzündungen des Darms, der Atemwege und der Harnwege, die bei sogenannten Flaschenkindern weitaus häufiger vorkommen. Stillbabys erkranken außerdem seltener an Mittelohrentzündungen und der gefürchteten Meningitis, der Hirnhautentzündung. Außerdem beugen weitere spezielle Substanzen in der Muttermilch

Krankheiten wie Allergien oder Asthma vor.

Doch auch damit sind noch lange nicht alle Vorteile des Stillens aufgezählt: Es fördert außerdem die körperliche und geistige Entwicklung der Kinder. Durch das Saugen an der Brust werden z. B. die Kiefermuskeln gestärkt. Bestimmte Fettsäuren in der Muttermilch stärken außerdem die Entwicklung des Gehirns bei Neugeborenen. Studien aus Dänemark sollen sogar gezeigt haben, dass Stillbabys einen höheren Intelligenzquotienten als Flaschenbabys aufweisen. Als Erwachsene leiden die ersteren außerdem weniger an Herzkrankheiten und erhöhten Cholesterinwerten. Stillbabys

TIPP

Essen während der Stillzeit

Dies sollten Sie meiden:

❍ Speisen, die rohes Ei enthalten, wie Zabaione
❍ rohes Fleisch
❍ rohen Fisch
❍ zu viel Koffein
❍ zu viel Kohl
❍ zu viele Hülsenfrüchte
❍ säurehaltige Zitrusfrüchte
❍ zu viel Knoblauch
❍ zu viele Zwiebeln

neigen auch seltener zu Karies, da der in der Muttermilch enthaltene Zucker keine den Zahnschmelz angreifende Saccharose enthält. Anhand dieser Vorteile empfiehlt die Welternährungsorganisation WHO allen Müttern, ihre Kinder in den ersten vier bis sechs Lebensmonaten zu stillen.

Häufige Probleme beim Stillen

Auch wenn das Stillen eine ganz natürliche Sache ist, so ist es trotzdem nicht immer einfach. Nicht umsonst gibt es spezielle Kurse und Hebammen, die auf Stillhilfe geschult werden. Viele junge

TIPP

Öfter wechseln

Hat man die Stillposition überprüft und verbessert, so kann man die Brustwarzen außerdem damit entlasten, dass man sein Kind auf jeder Seite öfter, aber jedes Mal nur sehr kurz anlegt.

Mütter kämpfen anfangs mit sich, ob sie durchhalten oder lieber aufgeben sollen. Doch beim Stillen sind gerade für Neulinge viel Geduld und Durchhaltevermögen gefragt. Wer sich aber fest vorgenommen hat, seinem Kind Muttermilch zu geben, der wird auch bei ein paar Schwierigkeiten durchhalten.

Milchstau

Da man beim Stillen anfangs oft noch nicht sofort den richtigen Rhythmus herausgefunden hat, kann es in der Brust der Mutter zu einem Milchstau kommen. Dies bedeutet, dass die Milchgänge zu viel Milch enthalten, was natürlich zu Spannungsgefühl und schmerzhaftem Ziehen führt. In solch einem Fall sollte das Baby öfter zum Trinken angelegt werden, z. B. alle zwei statt alle drei Stunden. Die Trinkzeit kann dann entsprechend kürzer ausfallen, die Mutter ist aber auf jeden Fall vom Druck in den Brüsten entlastet.

Sollte das Baby schlafen und die Mutter bringt es nicht fertig, es vorzeitig zu wecken, dann kann sie die Milch vorsichtig mit der Hand herausstreichen. Nutzt sie eine Milchpumpe, ist dies natürlich die ideale Gelegenheit, den Vorrat aufzustocken. Bei diesen beiden Verfahren sollten Sie aber das empfindliche Brustgewebe nicht zu sehr drücken oder quetschen, damit es nicht beschädigt wird. Hier ein paar Tipps, wie man die Milch schonend ausstreicht: Zunächst kann man die Brust leicht massieren und so

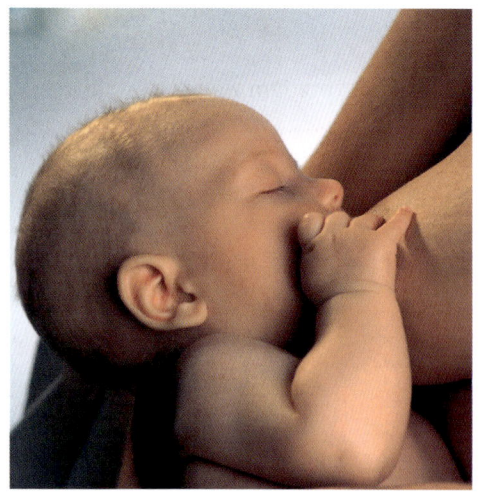

man auch die Hebamme oder eine spezielle Stillberaterin fragen.

Beim Milchstau kann auch das Anlegen selbst natürlich sehr schmerzhaft sein. In diesem Fall kann man nach dem Stillen die Brust mit kühlen Umschlägen beruhigen. Alternativ helfen auch Umschläge aus Speisequark, man sollte aber darauf achten, dass der Quark in einer Folie oder einem Tuch aufgelegt wird, nicht seitlich herausläuft oder gar direkt auf die Haut aufgetragen wird. Auch vorbeugend kann man einiges tun: Hilfreich ist es, kurz vor dem Stillen warme Wickel auf die Brust zu legen oder warm zu duschen – schon fließt die Milch wie von alleine!

das Gewebe lockern. Dann umfasst man die Brust mit dem Daumen und Zeigefinger einer Hand in Form eines C, die Brustwarze liegt nun genau in der Mitte. Dann wird die Brust leicht angehoben, die Finger üben nun einen sanften Druck Richtung Brustkorb aus, anschließend werden die Finger in Richtung der Brustwarze zusammengeschoben. Diesen Vorgang wiederholt man gleichmäßig so lange, bis keine Milch mehr austritt. Diese Pumpbewegung sollten Sie an verschiedenen Stellen der Brust – jeweils ein paar Zentimeter nach rechts oder links versetzt – wiederholen, sodass man sicher sein kann, alle Milchgänge freibekommen zu haben. Um die Methode ganz sicher richtig zu machen, kann

Brustentzündung (Mastitis)

Im Zusammenhang mit dem Milchstau kommt es auch häufig zu einer Brustentzündung. Dann haben sich Bakterien angesammelt, die sich in der warmen Muttermilch rasch vermehren. Die Beschwerden sind denen beim Milchstau sehr ähnlich, aber nun kann es bei der Mutter auch noch zu Fieber, harten Stellen in der Brust, Schmerzen und grippeähnlichen Symptomen kommen. Treten diese Anzeichen eher schwach auf, sollten Sie wie beim Milchstau verfahren. Man kann währenddessen sein Kind mit

dies zuallererst mit einem Arzt besprechen und abstimmen. Mit ihm kann man klären, ob trotzdem weiter gestillt werden darf. Denn die meisten Medikamente gehen direkt in die Muttermilch und somit auch auf das Baby über. Je nach Art der Arznei kann dies auch Folgen für das Kind haben.

INFO

Stillen und Rauchen

Es sollte selbstverständlich sein, dass Mütter während der Stillzeit nicht rauchen, die giftigen Inhaltsstoffe einer Zigarette schaden dem Baby.

der gesunden Brust weiterstillen, die Milch von der entzündeten Brust sollte abgepumpt und nicht verfüttert werden. Werden die Symptome stärker, sollten Sie einen Arzt um Rat fragen. Dieser wird, wenn nötig ein Antibiotikum verschreiben, damit die Entzündung zurückgeht. Das Mittel wird in jedem Fall so eingestellt, dass Sie Ihr Baby weiterhin stillen können.

Einnahme von Medikamenten während der Stillzeit

Wer stillt und gleichzeitig bestimmte Medikamente einnehmen muss, sollte

Hilfen beim Stillen

Damit das Stillen einwandfrei klappt, ist es wichtig, die Stillpositionen immer wieder zu wechseln. Beim Stillen übt nämlich die obere Zahnleiste des Babys Druck auf Ihr Brustgewebe aus. Legt man es immer an derselben Stelle an, wird auch der Druck stets gleich ausgeübt. Durch einen Wechsel der Positionen können Sie also die Brust besser entlasten. Saugt das Baby von verschiedenen Stellen aus, so wird übrigens die Brust besser leer getrunken. Bei jedem Stillen sollten Sie Ihrem Kind aus beiden Brüsten zu trinken geben. Sie werden schnell merken, welche Brust Sie zuerst geben sollen. Nehmen Sie immer die, die am meisten spannt und am vollsten und schwersten zu sein scheint. Nachdem ausreichend Milch produziert wurde, spannen die Brüste stark, nach dem Abtrinken sind sie deutlich weicher und entspannter. Nach einer Weile, wenn schon etwas Stillerfahrung vorhanden ist, können Sie Ihr Baby nach Gefühl anlegen und müssen nicht unbedingt auf die Uhr schauen, wann der Wechsel fällig wäre. Grundsätzlich sollten Sie sich während des Stillens zur Ruhe zwingen und in eine ruhige Ecke zurückziehen. Hektik und Stress führen dazu, das das Baby nicht richtig liegt und somit nicht genügend Milch bekommt.

Sind Ihre Brustwarzen bereits wund und empfindlich, so sollten Sie zunächst überprüfen, ob das Baby beim Ansaugen nur die Brustwarze in den Mund nimmt. Dies führt häufig dazu, dass Sie Schmerzen bekommen. Saugt das Baby stattdessen den Vorhof mit ein, so wird das Trinken für das Baby ergiebiger und für Sie viel angenehmer. Nun kann man auch noch die Haltung des Kindes während des Stillvorganges selbst überprüfen. Dies sind die häufigsten Anlegefehler, z. B. hat das Baby nicht mit dem gesamten Körper Kontakt zum Körper von

Ihnen. Der Kopf ist möglicherweise zu stark gedreht, sodass es sich förmlich den Hals verrenken muss, um an die Brustwarze zu gelangen. Möglicherweise ist der Mund des Säuglings nicht weit genug geöffnet und es hat als Folge dessen den Vorhof nicht mit eingesaugt. Vielleicht ist das Baby auch aus Ihrem Arm oder vom Stillkissen geglitten und liegt nun in einer angespannten Haltung. Ist das Baby mit Trinken fertig, so lässt

es die Brustwarze meistens von ganz alleine los. Viele Babys schlafen, satt und müde, nach dem Trinken auch sofort ein. Möchten Sie aber das noch nicht gesättigte Baby nun an die andere Brust anlegen, so sollten Sie es sanft zum Loslassen der Brustwarze bringen: Das funktioniert gut, wenn Sie ihm den kleinen Finger in den Mundwinkel schieben. Durch ein leisen Ploppen merken Sie, dass der Saugreflex gelöst wurde und Sie das Kind nun von der Brust nehmen können. Auf keinen Fall sollten Sie es abrupt fortnehmen, da es dabei möglicherweise die Brustwarze verletzen könnte. Nachfolgend ein Überblick über die am besten geeigneten Stillpositionen.

Die Wiegehaltung

Diese Position ist geeignet, um sein Kind im Sitzen zu stillen. Nehmen Sie sich dabei einige Kissen zu Hilfe, auf denen Sie Ihre Arme ablegen können. Das Kind halten Sie auf Ihrem Schoß. Um es bequemer zu haben, können Sie einige Kissen oder Decken darunter legen, damit das Kind eine höhere Position bekommt. Es liegt nun seitlich, vor Ihrem Bauch, der Mund ist in Höhe der Brustwarze. Nun müssen Sie nur noch Ihren rechten Arm zum Trinken an der rechten Brust und den linken Arm zum Trinken an der linken Brust unter das

Baby legen und es damit sanft an Ihren Körper heranrücken. Wichtig ist dabei, dass Sie selbst eine entspannte Position einnehmen, sich nicht verkrampfen oder verrenken oder nach vorne auf Ihr Baby beugen. Beim Trinken sollte das Baby nun ziemlich waagerecht liegen. Haben Sie Ihr Kind per Kaiserschnitt entbunden, so kann es sein, dass Ihnen diese Position unangenehm ist, weil das Baby dabei auf die Bauchregion drückt. Hier hilft, es einfach auszuprobieren.

Der Kreuzgriff

Hat das Baby Schwierigkeiten oder ist es besonders klein, dann eignet sich der Kreuzgriff am besten. Er ist grundsätzlich so aufgebaut wie der Wiegegriff, nur wird hierbei der Kopf des Babys nicht mit der Armbeuge gestützt, sondern mit den Händen. Auch die Position der Arme ist vertauscht. Geben Sie Ihrem Kind gerade die rechte Brust, wird das Baby mit der linken Hand gestützt. Dieser Kreuzgriff eignet sich besonders für Babys, bei denen es in anderen Positionen Probleme mit dem Anlegen gibt.

Der Rückengriff (Footballhaltung)

Wer sich einmal ein Footballspiel angesehen hat, weiß, wie sich die Spieler beim Laufen den Football seitlich unter den Arm klemmen. Genauso positionieren Sie Ihr Kind bei diesem Griff. Halten Sie den rechten Arm angewinkelt, der Kopf Ihres Kindes liegt in der rechten Hand und wird so an die Brust herangeführt. Mit dem rechten Unterarm stützen Sie den Rücken Ihres Kindes. Der Körper des Babys liegt nun nicht an Ihrem Bauch, sondern führt hinter Ihrem Rücken entlang. Diese Haltung ist besonders für Mütter geeignet, die einen Kaiserschnitt hinter sich haben. Die vordere Bauchregion wird so geschont. Sie wird auch von Frauen bevorzugt, die einen sehr großen Busen haben, deren Brustwarzen eher flach sind oder von Zwillingsmüttern: Mit etwas Hilfe kann man nämlich so unter jeden Arm ein Kind legen und problemlos gleich doppelt stillen!

Die Seitenlage

Die ist eine bequeme Haltung, wenn Sie im Bett liegen: Sie müssen sich nur auf

INFO

Das berühmte „Bäuerchen"
Hat das Kind genug getrunken, so hat sich in seinem Bauch auch eine Menge Luft angesammelt. Um diese herauszulassen, muss es nun ein „Bäuerchen" machen, also einmal kräftig aufstoßen. Dafür wird das Baby hochgenommen und meistens über die Schulter der Mutter gelegt. Dabei klopfen Sie ihm sanft auf den Rücken. Vorsichtshalber sollten Sie ein Spucktuch auf Ihre Kleidung legen, denn oft spuckt das Baby beim Aufstoßen auch Nahrung mit aus. Sollte es zu viel speien, dann kann man die Hebamme oder den Kinderarzt um Rat fragen. Möglicherweise hat es dann zu viel getrunken. Spucken ist nach den Mahlzeiten eines Babys eigentlich normal, es liegt nur selten eine Krankheit vor.

die Seite drehen und den unten liegenden Arm nach oben ausstrecken. Das Baby legen Sie nun direkt neben sich, sodass sein Mündchen in Höhe der Brustwarze liegt. Das Köpfchen des Kindes sollten Sie nun mit der unten liegenden Hand stützen. Mit dem anderen Arm können Sie Ihren Säugling näher zu sich heranziehen oder seinen Rücken stützen, damit er nicht wegrollt. Ideal ist es, wenn also Mutter und Kind waagerecht und entspannt nebeneinander liegen. Zur Unterstützung der mütterlichen Position können Sie sich ein paar Kissen in den Rücken schieben oder Ihren Partner bitten, Ihnen dabei zu helfen. Diese Position ist gut geeignet für nächtliches Stillen oder nach einem Kaiserschnitt. Geben Sie Ihrem Kind nachts auf diese Art und Weise die Brust, kommt es vor, dass Sie beide nach der Mahlzeit nebeneinander einschlafen. Hier sollten Sie nur aufpassen, dass sich weder Sie noch der Vater versehentlich auf einen Arm des Babys rollen.

Stillhütchen

Für manche Mütter, die aus den unterschiedlichsten Gründen Probleme mit dem Stillen haben, gibt es eine weitere Hilfe, die sie einsetzen können: die Stillhütchen. Dies sind Aufsätze aus Silikon, die man über die Brustwarzen stülpt. Dieser Aufsatz kann nötig werden, wenn das Baby beispielsweise ein Frühchen war, wenn es nicht so stark saugen kann oder die Brustwarze nicht richtig im Mund halten kann. Außerdem setzt man Stillhütchen ein, wenn das Baby in seiner Entwicklung etwas hinter anderen zurückliegt oder beim Stillen seine Zunge zu weit vorschiebt oder nach hin-

ten in den Rachenraum einzieht. Unerlässlich können Stillhütchen sein, wenn die Mutter sogenannte Hohlwarzen hat, sich ihre Brustwarzen also nicht nach außen aufrichten, sondern nach innen ziehen.

Stillberaterinnen und Hebammen raten meistens davon ab, solche Stillhütchen einzusetzen. Sie sind nämlich nicht dazu geeignet, wunde Brustwarzen zu heilen oder dem Wundwerden vorzubeugen. Zu früh eingesetzt, können die Silikonaufsätze das Neugeborene auch sehr verwirren: Gerade in den ersten Tagen soll das Baby ja auf die Mutterbrust geprägt werden und daran das richtige Saugen und Trinken lernen. Ein Einsatz der Stillhütchen kann außerdem zu einer Unterproduktion von Muttermilch führen, da die Babys dabei die mütterliche Brust nicht ausreichend leeren.

Babyschwimmen

Auch wenn es vielleicht den Anschein haben mag, das Babyschwimmen ist keine Modeerscheinung unserer Zeit. Es ist vielmehr geschichtlich verankert. Mütter in allen Teilen der Erde machten schon vor Jahrhunderten ihre Neugeborenen mit dem nassen Element vertraut, entweder zur normalen Körperreinigung, aus religiösen Gründen oder einfach aus Spiel und Spaß.

Mittlerweile wird das Babyschwimmen flächendeckend angeboten. Wer mag, kann mit seinem Baby ab dem dritten Monat einen solchen Kursus besuchen. Diese Wassergewöhnungskurse sind für Kinder bis zum zweiten Geburtstag bestens geeignet. Die Kleinen lernen dabei nicht nur, keine Furcht vor dem Wasser zu haben, sondern sie erleben in diesem Element eine Bewegungsfreiheit, die sie „an Land" sonst nicht kennenlernen. Nicht nur ihre motorische, sondern auch ihre anatomische und organische Entwicklung wird dadurch positiv beeinflusst. Das Neugeborene kennt das Element noch aus der Zeit im Mutterleib, und wird sich im warmen Nass äußerst wohlfühlen!

Wenn man sich für ein Schwimmbad und einen Kurs entscheidet, sollten Sie Folgendes beachten: Die Kursleiterin oder der Leiter sollten eine geschulte Fachkraft sein. Das Wasser, in das man mit seinem Baby nun hineingleitet, sollte eine Temperatur von etwa 32 Grad Celsius haben und leicht gechlort sein, damit es nicht zu Pilzerkrankungen oder Infektionen kommt. Sie sollten nur mit einem gesunden Baby schwimmen gehen und es nicht ins Wasser lassen, wenn es erkältet ist und verstopfte Atemwege hat. Der Aufenthalt von einer halben Stunde im Wasser ist meistens mehr als ausreichend, danach beginnen die noch sehr empfindlichen Babys zu frieren.

Brustwarzenformer

Frauen, die Hohl-, Schlupf- oder Flach-warzen, also innen liegende Brustwarzen haben, können auch die sogenannten Brustwarzenformer nutzen. Sie beste-hen ebenfalls aus Silikon und werden unter dem BH getragen. Die Former sind kreisrund mit einem Loch für die Brust-warze. Durch den leichten Druck, den diese Scheiben auf die Brust ausüben, kommen die Warzen besser hervor und die möglicherweise zu kurzen Milch-gänge werden gedehnt. Schwangere können diese Former schon vorbeugend ab dem siebten Monat unter ihrer Klei-dung tragen. Hilfreich können sie auch während des Milcheinschusses sein: Dann ist die Brust nämlich meistens sehr prall gefüllt, und manche Brustwar-zen sind dadurch nicht mehr so erha-ben, sondern vorübergehend flacher.

Brustwarzenschutz

Haben Sie bereits entzündete Brustwar-zen, so kann der Brustwarzenschutz hilf-reich sein. Er sieht dem Brustwarzenfor-mer sehr ähnlich, ist ebenfalls rund und aus Silikon. Die Öffnung für die Brust-warze ist hierbei allerdings viel größer. Trägt man ihn unter der Kleidung, so liegt die wunde Brustwarze angenehm frei, bekommt genügend Luft, und die Reibung durch Stoffe wird so vermieden.

Abpumpen

Es gibt zwei Methoden, um die Mutter-milch abzupumpen. Die erste ist rein mechanisch und wird mit der Hand ge-macht. Dazu sollten Sie Ihre Hände zu-nächst gründlich waschen. Dann legen Sie den Daumen oberhalb der Brust-warze auf und die restlichen Fingern in C-Form unter die Brust. Nun muss man seine Finger rhythmisch, mit Pumpbe-wegungen in Richtung Brustwand füh-ren. Unterhalb der Brust befindet sich eine Auffangschale, in die die Mutter-milch nun nach und nach tropft. Dazu sollten Sie einen sterilen, also ausge-kochten, Behälter verwenden. Diese Hand-Methode ist zwar einfach und bil-lig, weil man dafür keine Geräte benö-tigt, aber auch sehr anstrengend und zeitaufwendig.

Einfacher und effektiver geht es mit einer elektrischen oder mechanischen Pumpe: Bei der elektrischen Pumpe muss man nur die Saugvorrichtung über die Brustwarze stülpen und sie einschal-ten: Der Pumpvorgang läuft dann auto-matisch ab. Bei der mechanischen Pumpe funktioniert das Anlegen der Saugvorrichtung gleich, aber man muss den Mechanismus durch Betätigen eines Hebels oder durch Drücken eines Gum-miballons in Gang setzen. Eine gute

Pumpe erkennt man daran, dass sie sich so anfühlt, als würde das Baby selbst an der Brust saugen. Keinesfalls sollte die Mutter Schmerzen beim Abpumpen erleiden. Wer diesen Vorgang erst einmal ausprobieren möchte, kann sich auch eine Pumpe für wenige Tage oder Wochen leihen. Viele Apotheken bieten diesen Service an.

TIPP

Kühl lagern

Die abgepumpte Milch sollte natürlich möglichst frisch verbraucht werden. Man kann sie aber luftdicht verschlossen bis zu fünf Tage im Kühlschrank bei einer Temperatur von fünf Grad Celsius lagern. Auf jeden Fall sollten Sie immer das Datum auf den Behältnissen vermerken. So behält man am besten den Überblick über seine Milchvorräte.

Wann sollten Sie abstillen?

Nachfolgend ein paar Anzeichen, die darauf hindeuten, dass es Zeit für das Abstillen ist:

○ Das Baby lässt sich zwar anlegen, lässt die Brustwarze aber nach ein paar Sekunden wieder los.

○ Das Baby schaut mit großen Augen den Löffeln oder Gabeln nach, die sich Sie an den Mund führen und betrachtet die neuen, ungewohnten Speisen mit Interesse.

○ Das Baby hat plötzlich viel mehr Appetit, möchte öfter an die Brust gelegt werden als sonst. Wenn dies der Fall ist und ausgeschlossen werden kann, dass Sie zu wenig Milch produzieren, bedeutet dies, dass das Kind von der Muttermilch alleine nicht mehr satt wird.

○ Ein Anzeichen, mit dem Breifüttern zu beginnen, ist auch gegeben, wenn die Hand-Mund-Koordination des Babys gut ausgeprägt ist und es von nun an sein Essen selbst zum Mund führen kann.

Meistens gehen die Bedürfnisse von Mutter und Kind auch Hand in Hand: Das Baby trinkt weniger von der Brust, also produzieren Sie auch weniger Milch und umgekehrt.

Haben Sie sich entschlossen abzustillen, dann sollten Sie dieses Vorhaben langsam angehen. Auf keinen Fall sollten Sie dem Baby die Mutterbrust abrupt entziehen, Fachleute geben zu bedenken, dass dies das Kind traumatisieren könnte. Sie sollten sich klarmachen, dass die Umstellung von Muttermilch auf feste Nahrung für das Kind einen großen Entwicklungsschritt darstellt. Manche verweigern sich, und dann ist Geduld gefragt.

Fläschchennahrung

Natürlich gleicht nichts der Muttermilch, die in ihrer Zusammensetzung ja ideal für das Baby ist. Dennoch gibt es besonders in westlichen Ländern schon lange qualitativ hochwertige Säuglingsnahrung auf dem Markt, die man mit gutem Gewissen seinem Kind anbieten kann.

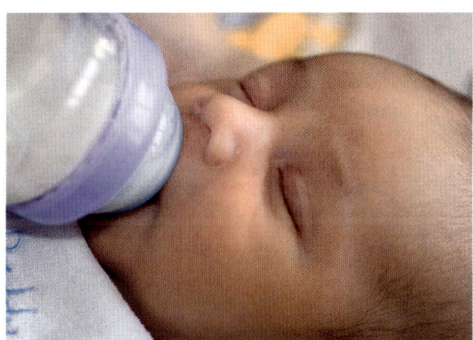

Pre-Milch

Die erste Milch, die man seinem Kind außer der Muttermilch anbieten sollte, ist die sogenannte Pre-Nahrung. Experten empfehlen diese, weil sie in ihrer Zusammensetzung der Muttermilch am ähnlichsten ist. Sie enthält ebenso wie

die Muttermilch Laktose, also Milchzucker, und ansonsten keine weiteren Kohlenhydrate. Diese sehr dünnflüssige Pre-Milch kann das Neugeborene quasi vom ersten Tag an bekommen. Sie ist so zusammengesetzt, dass sich das Kleine damit nicht überfüttern lässt. Diese Pre-Milch kann man dem Baby das gesamte erste Lebensjahr über geben.

INFO

Wirkstoff LCP

Man sollte auch darauf achten, dass die erste Milch, die das Baby bekommt, den Wirkstoff LCP enthält. LCP steht für langkettige, mehrfach ungesättigte Fettsäuren, z. B. DHA und Omega-3-Fettsäuren. Diese benötigt das Baby gerade in den ersten Lebensmonaten für das Wachstum seiner Nervenzellen. LCP ist demnach von großer Bedeutung für die Entwicklung des Gehirns, des Nervensystems und des Sehvermögens eines Neugeborenen. Noch im Mutterleib ist das Baby mit diesen LCP-Bausteinen über die Nabelschnur versorgt worden. Nach der Geburt erhält es sie durch die Muttermilch. Wird das Kind nicht gestillt, sollte LCP in der Erstlingsmilch enthalten sein.

Milch Nummer 1 und 2

Neben der Pre-Milch gibt es eine Milch für Neugeborene, die mit einer 1 gekennzeichnet ist. Sie enthält Milchzucker, dazu Stärke und möglicherweise andere Kohlenhydrate und ist viel sättigender als die Pre-Milch. Deshalb sollten Sie sich beim Füttern stets an die angegebenen Mengen halten. Möglicherweise braucht ein Kind, das die Milch Nummer 1 erhält, weniger Mahlzeiten am Tag. Auch diese Milch können Sie dem Baby bis zu seinem ersten Lebensjahr problemlos anbieten. Werden Babys von dieser Nummer 1 Milch nicht mehr richtig satt, können Sie ihnen die Stufe 2 geben.

H.A.-Milch

Zusätzlich zu den vorgenannten Milchtypen gibt es außerdem die H.A.-Milch. H.A. steht für „hypoallergen". Sie wird gegeben, wenn das Kind als allergiegefährdet gilt. Dies ist meistens der Fall, wenn Vater, Mutter oder ein Geschwisterkind bereits unter Allergien leiden. Um ganz sicherzugehen, sollten Sie sich aber vorher mit dem Kinderarzt beraten. Auch die H.A.-Milch ist in den Abstufungen Pre 1 und 2 erhältlich. Hierbei gibt es allerdings eine Ausnahme zu beachten: Kinder, die unter einer Kuhmilch-Allergie leiden, sollten die H.A.-Nahrung nicht bekommen. Für sie gibt es eine weitere, ganz spezielle Milch, die Sie nach Ansprache mit dem Kinderarzt verabreichen können.

INFO

Vitamin-D-Mangel

In all diesen Säuglingsmilchnahrungen ist meistens zu wenig Vitamin D enthalten. Haben die Kinder einen Mangel, so kann dies bei ihnen zu Rachitis führen. Dies bedeutet, dass es zu einer Verkrümmung der Wirbelsäule, zur sogenannten Hühnerbrust oder auch zu O-Beinen führen kann. Deshalb sollten Sie Säuglingen etwa von der zweiten Lebenswoche an bis zum Ende des ersten Lebensjahres Vitamin-D-Tabletten geben.

Beikost

Unter Beikost versteht man alles, was dem Baby neben der Milch „zugefüttert" wird: Brei, Obstmus, Reisflocken für Babys und Säuglinge. Es wird von Experten empfohlen, mit der Beikost etwa nach dem fünften bis siebten Lebensmonat zu beginnen. Natürlich sind dies nur allgemeine Regeln. Sollte ein Baby – wie von der Nationalen Stillkommission in Zusammenarbeit mit Vertretern der Berufsverbände der Frauen- und Kinderärzte empfohlen – die ersten sechs Lebensmonate voll gestillt werden, so ist dies natürlich absolut ideal. Die Empfehlung zur Beikostfütterung sollte sich immer nach den Bedürfnissen des Kindes richten. Breie muss es deshalb erst dann bekommen, wenn ihm die Milchnahrung nicht mehr ausreicht und es nach mehr schreit. Für Frühchen, also Kinder, die weit vor dem üblichen Entbindungstermin in der 40. Schwangerschaftswoche geboren werden, gilt ebenfalls der vierte bis sechste Monat

INFO

Wichtiger Entwicklungsschritt

Der Wechsel zur Beikost ist wichtig für das Kind: Sein Magen- und Darm-Trakt entwickelt sich nämlich nach und nach weiter, und die Beikost ist ein erster Schritt, das Kind an normale Erwachsenenspeisen zu gewöhnen. Außerdem müssen bestimmte Zusatzstoffe wie z. B. Eisen nach einer Weile über die Nahrung aufgenommen werden, da sie über die Milch nicht mehr ausreichend vorhanden sind. Auch für die motorische Entwicklung des Kindes ist eine ausgewogene Beikost sehr wichtig.

ab Geburt als frühester Termin für die Beikost. Bei allen Fragen dazu sollten Sie zuerst mit dem Kinderarzt Rücksprache halten, ehe Sie Ihr Kind falsch füttern. Kindern, die allergiegefährdet sind, sollten Sie erst ab dem siebten Monat Beikost geben.

Eltern wird geraten, sich um den sechsten Lebensmonat herum ihr Kind einmal genau anzuschauen und nach Anzeichen zu suchen, die darauf hindeuten, dass sie nun mit der Beikost anfangen können. Hinweise können sein, dass das Baby nun den anderen Familienmitgliedern beim Essen aufmerksam zuschaut, dass es selbstständig nach Erwachsenennahrung greift und sich diese in den Mund schieben will, dass es Kaubewegungen mit dem Mund macht, dass es mit etwas Hilfe schon fast aufrecht sitzen kann und dass es beim Stillen an der Brust nicht richtig satt zu werden scheint. Zeigt ein Baby all diese Merkmale nicht, so kann man ihm ruhig noch ein paar Wochen die Milchmahlzeit füttern und mit der Beikost einfach etwas später beginnen.

Hat ein Baby das richtige Alter erreicht und wird von der Milch allein nicht mehr ausreichend gesättigt, so können Sie langsam anfangen, seine Ernährung umzustellen. Es reicht dabei, wenn Sie Ihrem Kind dann erst ein oder zwei neue Lebensmittel servieren, und nicht gleich die ganze Palette anbieten. Ideal ist es, mit Karotten oder Kürbis zu beginnen. Verträgt das Baby dieses Gemüse gut, kommen ein paar Tage später Kartoffeln dazu. Kurz darauf können Sie nun etwas Pflanzenöl hinzufügen, dann auch mageres Fleisch. Sie sollten den so herge-stellten Gemüse-Kartoffel-Fleischbrei übrigens nicht nach Ihren Kriterien be-urteilen, wenn Sie ihn kosten: Dem Baby schmeckt es auch so, ohne scharfe Ge-würze oder Salz und Pfeffer!

INFO

Was schmeckt dem Baby wann?
- ab dem sechsten Monat: Gemüse wie Karotten, Kürbis, Zucchini und Breie mit Reisflocken
- ab dem siebten Monat: mageres Rind- oder Geflügelfleisch, an Obst eignen sich Apfel, Banane und Birne
- ab dem achten Monat: Gemüse wie Brokkoli, Fenchel und Gurke sowie zartes Lammfleisch, außerdem Ge-treidebreie mit Mais, Dinkel, Hafer, Hirse, auch als Flocken erhältlich
- ab dem neunten Monat: Blumenkohl und Spinat als Gemüse, als Obst eignen sich nun Wasser- und Honig-melone
- ab dem zehnten Monat: Kohlrabi, Aprikosen

Zubereitung

Bei der Zubereitung müssen Sie ein paar Dinge beachten, damit das Baby seine ersten Breie auch gut verträgt: Möchten Sie Fett zugeben, so eignet sich Rapsöl anfangs am besten: Es vereinigt nämlich die Vorteile von Olivenöl – den hohen Gehalt an Ölsäure – und den von Sojaöl in sich – ein hervorragendes Verhältnis von Omega-3- und Omega-6-Fettsäuren und enthält zudem nur sehr wenig ge-sättigte Fettsäuren. Fett und Salz sollten Sie, ähnlich wie bei einer regulären Schonkost, nur sehr sparsam zugeben. Bis zu seinem zweiten Lebensjahr sollte ein Kind auch keine Zwiebeln, keinen Kohl, keine Hülsenfrüchte und nichts Ge-bratenes zu essen bekommen. Es gibt auch einige kritische Lebensmittel, die man wegen ihrer erhöhten Fähigkeit, eine Allergie auszulösen (Allergenität) bei Babys und Kleinkindern zunächst vermeiden sollte. Dazu gehören neben Kuhmilch auch Hühnereier, Fische, Zit-rusfrüchte, Nüsse, Weizen, Sellerie und Schokolade.

Alltag mit dem Baby

Schlafen

Sie sollten sich zunächst darüber klar werden, dass Ihr Säugling immer dann schlafen wird, wenn er müde ist. Mit etwa drei Monaten wird das Baby mehr nachts als tagsüber schlafen, aber keines schläft die ganze Nacht durch! Babys brauchen außerdem viel weniger Schlaf, als besorgte Eltern meinen. Ist es erst um die zwei Wochen alt, dann schafft es nicht mehr als drei Stunden

auf einen Satz zu schlafen. Mit etwa einem halben Jahr kommen Babys dann bereits auf fünf Stunden an einem Stück. Es gibt allerdings immer wieder Eltern, die behaupten, ihr Kind würde durchschlafen, sodass sich alle anderen, deren Kinder nachts oft aufwachen, fragen, was sie eigentlich falsch machen. Die Antwort: nichts. Das Rätsel des angeblichen Durchschlafens ist meistens ganz einfach zu lösen: Manche Eltern empfinden es schon als „Durchschlafen", wenn ihr Kind um Mitternacht gestillt wurde und dann mehrere Stunden durchgehend schläft, vielleicht bis fünf oder sechs Uhr morgens.

INFO

Unruhiger Schlaf

So komisch es auch klingt: Viele besorgte Eltern stören unbewusst den Schlaf ihres Kindes und wecken es vorzeitig auf. Das liegt daran, dass Babys in den ersten Lebensmonaten beim Schlafen sehr unruhig sind und deshalb den Eindruck vermitteln, als wären sie wach.

Um das Baby etwas mehr an den eigenen Schlaf-wach-Rhythmus anzupassen, sollten Sie es abends nicht zu früh ins

Bettchen legen. Nachmittags haben kleine Kinder meistens ein Tief, abends, wenn sie eigentlich schlafen sollen, wachen sie dagegen noch einmal auf und sind mehrere Stunden fit und aktiv.

Richtiges Liegen

Über die richtige Lage eines Neugeborenen zum Schlafen wird stets viel diskutiert. Fachleute empfehlen, Babys auf dem Rücken oder auf der Seite schlafen zu lassen. Die Bauchlage wird dagegen eher für tagsüber und einen wachen Zustand des Kindes empfohlen. Gesunde Babys können auf dem Rücken liegend am besten atmen. Da viele aber in dieser Position stark zappeln und sich allgemein unruhig verhalten, wird oft empfohlen, diese Kinder fest in eine Decke einzuwickeln oder sie in einen Babyschlafsack zu legen. Die Rückenlage wird auch deshalb stets empfohlen, weil sie dem plötzlichen Kindstod am besten vorbeugen soll. Wenn das Kind nach dem Füttern viel spuckt, ist die Seitenlage gut geeignet. Zur Unterstützung, damit der Körper nicht wegrollt, kann man dem Kind ein zusammengerolltes Handtuch in den Rücken und eine Spuckwindel unter den Kopf legen.

Für den gesunden Schlaf eines Neugeborenen ist aber noch mehr wichtig als

TIPP

Richtige Raumatmosphäre zum Schlafen

Man sollte außerdem darauf achten, dass in dem Raum, in dem das Baby schläft, gute, saubere und besonders rauchfreie Luft sowie eine gute Luftzirkulation herrscht. Babys Kopf sollte möglichst nicht von Kopfkissen, losen Decken oder Tüchern oder vielen Kuscheltieren umgeben sein. Auch zusätzliche Wärmequellen wie Wärmflaschen oder Schaffelle sind meistens zu warm für ein Neugeborenes, sie sind zudem nicht atmungsaktiv und erhöhen das Risiko, eine Allergie zu bekommen.

nur die richtige Liegeposition. Auch das Kinderbett sollte optimal ausgestattet sein. Dazu gehört eine gute Matratze: Sie sollte fest, atmungsaktiv und feuchtigkeitsregulierend sein. Am besten ist es, wenn sie aus Naturmaterialien besteht. Schaumstoffmatratzen und Matratzen mit Plastikeinlagen oder Überzügen aus Kunststoff eignen sich für Babys Schlaf nicht so gut. Was für die Matratze gilt, sollten Sie auch bei der Babydecke beachten: Sie sollte ebenfalls atmungsaktiv, feuchtigkeitsregulierend und möglichst aus Naturmaterialien hergestellt sein.

Babys Schlafrhythmus

Schon das allerkleinste Baby hat seinen eigenen Schlafrhythmus. Für Sie gilt es nun, diesen zu entdecken. In manchen Krankenhäusern werden die Neugeborenen in einem Vier-Stunden-Rhythmus gestillt und gewickelt. Diese vier Stunden entsprechen in etwa auch dem natürlichen Schlaf-wach-Rhythmus Ihres Kindes in den ersten Lebenswochen. Sie sollten Ihr Kind nun also genau beobachten. Wenn Sie in den wachen Phasen intensiv mit ihm spielen und es in seinen Schlafphasen möglichst nicht stören, wird es sich schneller an gewisse Regelmäßigkeiten im Tagesablauf gewöhnen. Und so nähert man sich dem Vier-Stunden-Rhythmus an: Alle drei bis vier Stunden darf das Baby an der Brust oder aus der Flasche trinken. Danach bekommt es eine kurze Ruhepause von einer Viertelstunde bis höchstens 20 Minuten. Danach werden die Sprösslinge lebhaft, zappeln mit Armen und Beinen und bewegen sich viel. Nun sollten Sie es hochnehmen und sein Bäuerchen machen lassen. Versuchen Sie dies direkt nach dem Füttern, klappt es meistens noch nicht. In der nächsten halben Stunde wird das Kind wach sein. Nun

können Sie es streicheln und mit ihm spielen, Kontakt ist dem Säugling nun besonders lieb. Wenn es wiederum quengelig und unruhig wird, ist es wahrscheinlich müde und kann für ein Schläfchen hingelegt werden. Verfahren Sie mit einer immer gleichen Routine, helfen Sie Ihrem Kind, sich an den Alltag zu gewöhnen. Und Babys mögen es, wenn sie zu den immer gleichen Zeiten essen, spielen und schlafen.

TIPP

Ruhe, wenn das Baby sie braucht

Auch wenn es anfangs ungewohnt ist, sollten Sie versuchen, Ihren Tagesablauf dem Kind anzupassen, nicht umgekehrt. Sie sollten auch keine aufregenden Termine in die Ruhephasen des Babys legen, wie z. B. einen Einkauf oder Besucher empfangen. Gerade in den ersten Lebenswochen sind die Kleinen noch sehr sensibel und reagieren empfindlich, wenn ihre Tagesroutine zu stark durcheinander gebracht wird.

Schreien

Das Schreien ist der erste Laut des Babys, sobald es auf der Welt ist. Eltern und Ärzte warten gespannt darauf, denn dies bedeutet, dass das Neugeborene nun seine Lungen aktiviert hat. Der erste Schrei setzt ein markantes Zeichen. Er sagt: Hallo Welt, ich bin da, und mir geht es gut! Die Freude über dieses erste laute Lebenszeichen lässt aber bald nach, denn das Schreien wird den Säugling sein ganzes erstes Lebensjahr über begleiten. Lange Zeit ist es sein fast einziges Kommunikationsmittel.

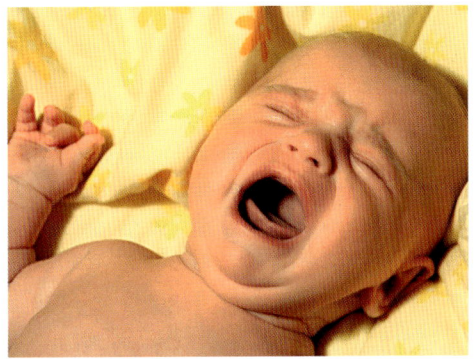

INFO

Das KISS-Syndrom

Bei diesem Syndrom, das oft unerkannt bleibt, kann es ebenfalls zu häufigem und lang anhaltendem Schreien bei Kindern kommen. KISS steht als Abkürzung für „Kopfgelenkinduzierte Symmetrie-Störungen" und bedeutet, dass es während der Geburt beim Kind zu einer Schiefstellung des Kopfgelenkes gekommen sein kann. Durch diese hat das Kind nun Schmerzen und kann sich nicht richtig bewegen. KISS steht auch im Verdacht, beim Kind Spätschäden wie Hyperaktivität, Kopfschmerzen oder sogar Wahrnehmungsstörungen auszulösen. Beim Verdacht, das Kind könne an KISS leiden, sollten Eltern einmal den Kinderarzt darauf ansprechen.

Das Schreien hat dabei ganz unterschiedliche Töne und Färbungen: Es kann ein spitzes, lautes Schreien sein, ein durchdringendes, heftiges oder auch ein leises, beständiges Wimmern. All diese Töne sind aber bestens dazu geeignet, bei den Eltern sofortigen Alarm auszulösen! Kaum eine Mutter wird weiter ruhig sitzen bleiben und ihren Kaffee trinken, wenn aus dem Nachbarraum durchdringendes Geschrei gellt. Es liegt in der Natur der Sache, dass solch ein Schreien manchmal schwer zu ertragen ist, besonders wenn es außer der Reihe geschieht, z. B. bei Krankheiten oder beim Zahnen des Babys. Auch hier gilt für Sie als oberstes Gebot: Ruhe bewahren! Auch diese Phase geht vorüber!

Gründe für Schreien sind:
○ Hunger
○ nasse Windeln

○ Schmerzen (z. B. Bauchweh, Blähungen, neue Zähne)
○ Unwohlsein, Frieren oder Schwitzen
○ Angst
○ die Mutter verlässt den Raum
○ Müdigkeit
○ später auch Frust, Trotz oder Langeweile

Schreien lassen?

Dies ist kein guter Ratschlag, denn zum einen fühlen sich die meisten Eltern absolut unwohl dabei, und zum anderen ist jedes Schreien des Babys ein Hilferuf. Merkt das Kleine, dass seine Eltern es hören und ihm zur Hilfe eilen, dann wird im Laufe der Zeit die Dauer und Intensität seiner Schreianfälle nachlassen: Denn es weiß ja, dass zuverlässig Hilfe kommt. Wird das Kind aber alleingelassen, so wird es lauter als zuvor schreien. Merken Sie, dass Sie alleine nicht weiterkommen, sollten Sie sich um Hilfe bemühen. Oft lassen sich scheinbar unüberwindliche Probleme mit ein bisschen Unterstützung von erfahrenen Fachkräften erstaunlich schnell und leicht lösen.

Tragen

Untersuchungen haben ergeben, dass Kinder in Ländern, wo sie den ganzen Tag über am Körper der Mutter getragen werden, weniger schreien als Kinder in westlichen Industrieländern. Deshalb kann man Eltern nur raten, es einmal auszuprobieren, wenn Kraft und Energie bei Ihnen dazu ausreichen. Eigentlich ist gerade für junge Eltern nichts schöner, als ihr Neugeborenes so oft wie möglich bei sich zu tragen, seine Nähe zu spüren und seinen Duft einzuatmen. Schwierig wird es, wenn man das Tragen des Babys mit den täglichen Hausarbeiten in Einklang bringen muss. Deshalb sollte jede Mutter und jeder Vater es einmal selbst ausprobieren: Nur wenn der Elternteil sich beim Tragen wohlfühlt und das Kind ebenfalls, ist es eine sinnvolle Sache, und man kann über die Anschaffung von einem Tragetuch, einem Tragebeutel oder einem Babyrucksack nachdenken. Niemandem ist jedoch geholfen, wenn z. B. die junge Mutter durch das Tragen ihres Kindes ein Schulter-Hals-Syndrom oder starke Rückenschmerzen bekommt.

Das Tragetuch

Das Tragetuch, auch Trageschlaufe genannt, wird von vielen Eltern als erstes ausprobiert. Das Kind wird dabei meistens mit gespreizten Beinen in einer hockenden Stellung in das Tuch gesetzt. Dies unterstützt eine gesunde Entwicklung der Hüftgelenke. Es heißt, dass

vielen verschiedenen Formen, Farben und Größen, und auch von zahlreichen verschiedenen Firmen. Hier entscheiden Geschmack und Geldbeutel, für welches Modell man sich entscheidet.

Der Baby-Rucksack

Das Baby in einem kleinen, speziellen Rucksack auf den Rücken oder den Bauch geschnallt, diese Variante bevorzugen meistens Väter. Wie auch beim Tragetuch gibt es verschiedene Hersteller und Modelle. Allen gleich ist aber, dass auch hier das Kind mit gespreizten Beinen darin sitzt. Auch beim Rucksack sollten Sie vor dem Kauf einmal Probe tragen, ob es ihnen vielleicht nicht zu unbequem ist.

Der Tragebeutel

Wem das Wickeln eines Babytuches zu kompliziert und der Baby-Rucksack zu steif ist, kann es mit einem speziellen Tragebeutel versuchen. Diesen trägt man diagonal über der Schulter, er hat gepolsterte Ränder und einen verstellbaren Verschluss. Das Baby legt man hinein wie in die Kuhle eines Wickeltuches. Doch hier muss man nicht knoten und binden, sondern man betätigt einfach den vorhandenen Verschluss, der sich je nach Größe von Mutter und Kind auch verstellen lässt.

Babys, die viel getragen werden, ruhiger sind und weniger schreien. Wenn man sich z. B. durch eine größere Menschenmenge bewegt oder die Hände für etwas anderes braucht, ist das Tuch natürlich praktisch. Es ist auch handlicher als ein Kinderwagen. Ob man es allerdings schafft, längere Strecken z. B. spazieren zu gehen, ohne Rückenbeschwerden zu bekommen, muss jeder Elternteil individuell ausprobieren. Die Tücher gibt es in

Die Entwicklung des Babys

Körperliche Entwicklung

Nun ist das Baby da. Aber ehe Eltern und Verwandte sich an den neuen Erdenbürger gewöhnt haben, sieht er schon wieder ganz anders aus, hat sich entwickelt, ist größer und schwerer geworden und hat neue Fertigkeiten entwickelt. Im ersten Lebensjahr entwickelt sich ein Kind so rasant wie nie wieder im weiteren Leben! Diese Zeit ist für Eltern so wichtig, weil man hier fast täglich etwas Neues an seinem Kind entdecken kann. Deshalb sollten Sie die großartigen Entwicklungsschritte, die es in den ersten zwölf Monaten macht, nicht verpassen!

In der Entwicklung gibt es natürlich Unterschiede: Manche Babys werden mit mehr Gewicht geboren als andere, manche wachsen schneller. Alle Statistiken und Verlaufskurven, die das Wachstums des Babys anzeigen, sind nur Mittelwerte, tatsächlich gibt es eine große Vielfalt an Staturen und Größen. Jedes Baby sollte auch hier als Individuum angesehen werden.

Die Reflexe

Ist das Neugeborene auf der Welt, so hat es sofort ein paar Reflexe, die angeboren sind und ihm zu seinem Schutz die-

nen. Im Laufe der kommenden Monate wird das Baby lernen, seinen Körper und besonders die Muskeln besser zu kontrollieren. Dann gehen die angeborenen Reflexe allmählich wieder zurück. Die Reflexe helfen dem Baby Kontrolle über seine Muskulatur auszuüben. Durch die ständige Wiederholung werden bestimmte Bewegungen wie Greifen oder Laufen abgespeichert und laufen von nun an quasi automatisch. Später muss kein Kind oder Erwachsener erst darüber nachdenken, was „greifen" bedeutet, sondern tut es einfach!

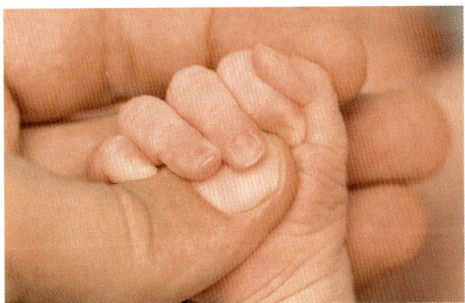

Der Greifreflex

Was Eltern und Verwandte oft besonders entzückt, ist der Greifreflex des Säuglings. Hält man einem Neugeborenen bis zu seinem dritten Lebensmonat beispielsweise einen Finger hin, so umschließt er diesen mit seinem kleinen Händchen. Was viele nicht wissen: Babys können schon kurz nach ihrer Geburt so fest zugreifen, dass sie sogar ihr eigenes Körpergewicht tragen können. Ein ähnlicher Reflex sitzt in der Fußsohle: Streichelt man diese sanft, so krümmt sie sich auch, als wolle sie – ähnlich wie mit der Hand – sich an etwas klammern.

Der Saugreflex

Damit Babys gleich nach der Entbindung gestillt werden können, haben sie einen sehr starken Saugreflex. Durch ihn sind sie in der Lage, Muttermilch aus der Brust zu ziehen. Man kann diesen Saugreflex ganz einfach aktivieren, indem man vorsichtig mit dem Finger gegen den Gaumen des Kindes drückt.

Der Schluckreflex

Dieser Reflex ist nötig, damit die Säuglinge gleich nach der Geburt trinken können. Den Schluckreflex haben sie schon im Mutterleib gelernt, weil sie dort auch schon Flüssigkeit wie Fruchtwasser geschluckt haben. Auch ein Würgereflex ist bei den Babys schon vorhanden. So wird sichergestellt, dass sie sich nicht verschlucken.

Der Suchreflex

Streicheln Sie Ihrem Neugeborenen mit dem Finger über die Wange, so dreht es seinen Kopf in Richtung des Fingers und sucht automatisch nach der mütterlichen Brust. Dieser Reflex verliert sich spätestens nach dem vierten Lebensmonat, bleibt bei manchen Babys im Schlaf aber noch eine Weile erhalten.

Der Mororeflex

Beobachten können Sie diesen Reflex bei Neugeborenen, wenn sie sich durch laute Geräusche erschrecken oder das Gefühl haben, sie würden fallen: Dann strecken sie ihre Arme und Beine aus und krümmen den Rücken, als wollten sie sich an etwas festklammern. Danach rollen sie sich ein und machen mit den Händen eine Faust.

Der Schreitreflex

Auch wenn die ersten Schritte noch meilenweit entfernt sind: Heben Sie ein Baby hoch und setzen seine Füßchen auf eine Fläche, so wird es diese so bewegen, als wolle es schon gehen oder laufen. Dieser Schreitreflex hält etwa bis zum zweiten Lebensmonat an.

Der Magnetreflex

Wenn man einem Neugeborenen mit der Hand gegen die Fußsohlen drückt und daraufhin die Hand langsam zurückzieht, dann wird es während der ersten zwei Lebensmonate die Beinchen ausstrecken und versuchen, den Kontakt zu halten. Dabei folgt es mit den Füßen der

Hand ähnlich wie ein Stück Eisen einem Magneten.

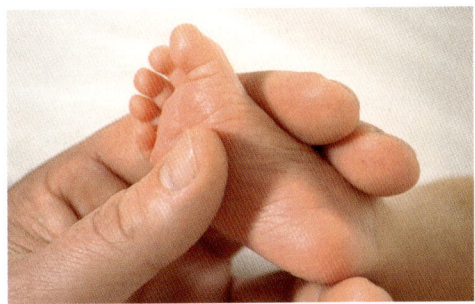

Der Labyrinth-Stell-Reflex

Dieser Reflex sorgt dafür, dass jedes Baby ab dem ersten oder zweiten Monat, das man auf den Bauch legt, automatisch sein Köpfchen hebt und die Umgebung erkundet. So beginnt das Neugeborene, sich gegen die Schwerkraft zu behaupten.

Die Fechterstellung

Die Fechterstellung wird in der Langform „asymmetrisch tonischer Nackenreflex" (ATNR) genannt. Babys können ihn bis zu ihrem sechsten Lebensmonat ausüben. Es handelt sich dabei um eine Balanceübung und Ausgleichsbewegung, die Kinder später im Leben benötigen, um ihr Gleichgewicht zu halten. Und so sieht diese Fechterstellung aus: Wenn man den Kopf eines Säuglings nach rechts dreht, streckt er den rechten Arm und das rechte Bein aus, während der linke Arm und das linke Bein angezogen werden. Dies gilt natürlich auch für die jeweils andere Körperseite.

Das Gewicht

Wenn das Baby geboren ist, nimmt es besonders im ersten Lebensjahr sehr an Gewicht zu und wächst auch deutlich. Man kann sagen, dass ein Kind sein Geburtsgewicht in den ersten fünf bis sechs Monaten etwa verdoppelt. Wiegt ein Neugeborenes also 3.500 Gramm, so hat es nach einem halben Jahr schon etwa die sieben Kilo erreicht. Im 14. Lebensmonat hat sich das Gewicht sogar verdreifacht, und das Kind wiegt dann in etwa 10,5 Kilogramm. Doch der Start ins Leben beginnt für jeden Säugling zunächst mit einem Gewichtsverlust. Der liegt aber nur bei einigen 100 Gramm und wird in den nächsten Tagen schnell wieder aufgeholt. Spätestens am zehnten Tag hat das Kind sein Geburtsgewicht wieder erreicht, und von nun an geht es stetig bergauf.

Die Größe

Ein gesundes Baby, das termingerecht auf die Welt kommt, wiegt bei der Geburt zwischen 2.500 und 4.250 Gramm.

Durchschnittlich ist es also rund 3.500 Gramm schwer. Die Körpergröße beträgt dann zwischen 46 und 56 Zentimetern, hier liegt der Durchschnitt bei fast exakt einem halben Meter, nämlich bei genau 51 Zentimetern. Die Größe eines Babys bei der Geburt sagt erst einmal wenig über die tatsächliche Körperlänge aus, die der erwachsene Mensch einmal erlangen wird. Vielmehr bedeutet ein großes Baby bei der Geburt, dass die Plazenta der Mutter gut intakt war. Wird sie beispielsweise nur schlecht durchblutet, wie dies bei Raucherinnen der Fall ist, so wird das Kind im Mutterleib schlechter ernährt und entwickelt sich auch weniger gut. Eine nicht optimal funktionie-rende Plazenta (Plazentainsuffizienz) kommt auch bei Gestose (Schwangerschaftsvergiftung), Mehrlingsschwangerschaften, schlecht ernährten und untergewichtigen Müttern sowie bei Infektionen der Mutter gelegentlich vor.

In den ersten zwölf Lebensmonaten wächst das Kind besonders viel und regelmäßig. Es gibt sogar regelrechte Wachstumsschübe, und zwar zwischen dem zehnten Tag und der dritten Lebenswoche, dann wieder mit sechs Wochen, drei und sechs Monaten. Durchschnittlich wächst ein Baby im ersten Jahr rund 25 Zentimeter.

Wie genau sich das Baby in den nächsten Monaten und Jahren entwickeln wird, hängt natürlich stark von den Genen ab, die es von den Eltern mitbekommen hat. Hat ein Kind z. B. kleine Eltern und ist bei der Geburt überdurchschnittlich groß, so wird es in den Folgemonaten wahrscheinlich etwas langsamer wachsen. Umgekehrt legt ein kleines Kind mit Erbanlagen von groß gewachsenen Eltern vermutlich in der gleichen Zeit wesentlich mehr zu. Das normale, genetisch vorbestimmte Wachstum wird also seinem Bauplan stets folgen, egal, wie das Geburtsgewicht aussieht. Es kann allerdings beeinträchtigt sein, wenn ein Kind als extremes Frühchen auf die Welt kam.

INFO

Hinweis auf Krankheit

Sollten bei einem Kind die Fontanellen stark nach außen vorgewölbt oder, im Gegenteil, stark nach innen eingesunken erscheinen, so kann dies auf eine Krankheit des Kindes hinweisen. Beispielsweise könnte dies bedeuten, dass das Baby unter Flüssigkeitsmangel leidet. Aus diesem Grund ist es auch wichtig, dass der Kinderarzt bei den Untersuchungen auch immer die Fontanellen anschaut.

Babymassage

Sanfte, streichelnde Berührungen auf der Haut mag jeder – ob groß oder klein. Auch Babys mögen es schon, am ganzen Körper massiert zu werden. Deshalb wird die Babymassage in speziellen Kursen angeboten. Die sanften Massage-Berührungen fördern die Körperwahrnehmung und die geistige Entwicklung der Babys. Durch die Massage entspannt sich außerdem ihre Muskulatur, die Durchblutung wird angeregt und ihre Atmung vertieft. Wenn Eltern mit ihren Säuglingen solch einen Massage-Kursus besuchen, lernen sie dort auch, mit einer speziellen Massage-Technik ihrem Kind bei Bauchweh- und Verdauungsstörungen und auch bei Problemen mit dem Einschlafen zu helfen.

Sanfte Massagen stärken außerdem das Immunsystem bei Kindern und können sogar Haltungsschäden vorbeugen. Bei Babys, die massiert werden, bildet sich das Eiweiß Myelin, das die Nervenfasern umhüllt und für die Verbindung zwischen Muskeln und Nerven zuständig ist. Forscher gehen davon aus, dass die Reizübertragung umso besser läuft, je mehr Myelin produziert wird. Das Kind wird also langfristig von einer besseren motorischen Entwicklung und einer besseren Haltung profitieren, Knochen und Gelenke bekommen seltener Schäden.

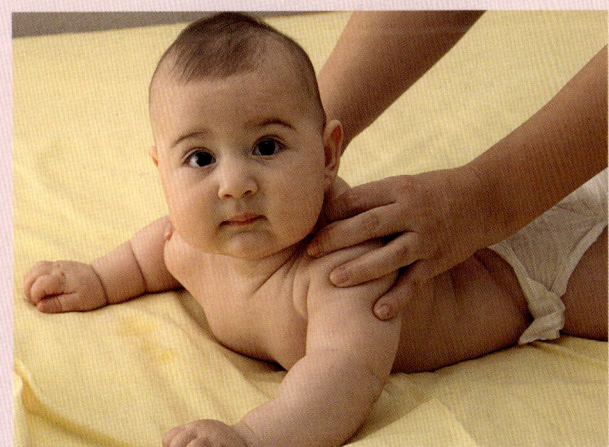

Außerdem werden bei einer Massage Hormone ausgeschüttet, die das Immunsystem stärken und das Kind so resistenter gegen Stress machen. Werden Babys regelmäßig massiert, schreien sie weniger und schlafen besser.

Der Kopfumfang

Beim Wachstum des Kindes im ersten Lebensjahr ist es das Gehirn, das am schnellsten wächst. Das bedeutet, auch der Kopfumfang kann unproportional zunehmen. Besuchen Sie den Kinderarzt, so wird er immer den Kopfumfang messen, um zu sehen, ob sich das Gehirn gut entwickelt. Durch das starke Kopfwachstum kann es sein, dass die Proportionen des Babys manchmal nicht ganz zueinander zu passen. Doch keine Sorge, nach dem nächsten Wachstumsschub, bei dem das Kind an Länge oder Gewicht deutlich zulegt, sieht dies schon wieder ganz anders aus. Hier ein Beispiel: Ein neugeborenes Baby hat einen

INFO

Perfektes Gehör

Wissenschaftler fanden heraus, dass Säuglinge in der Lage sind, Geräusche von 16 bis 20.000 Schwingungen in der Minute zu hören. In der Pubertät reduziert sich diese Fähigkeit auf einen Bereich von 16 bis etwa 12.000 Töne. Somit hören Babys besser als Erwachsene und haben gerade in den ersten Lebenstagen so etwas wie ein „perfektes Gehör" für Musik.

ungefähren Kopfumfang, der zwischen 33 und 37 Zentimetern liegt. Er macht somit etwa ein Viertel der gesamten Körperlänge des Kindes aus. Bei Erwachsenen ist es nur etwa ein Achtel. Bei Säuglingen nimmt der Kopfumfang etwa einen Zentimeter pro Monat zu. Dies wird nur möglich durch die Öffnungen im Schädeldach des Kindes, die Fontanellen. Sie schließen sich erst einige Monate später.

Das Gehör des Babys

Das Gehör des Babys ist schon von Geburt an gut entwickelt. Es hört alles und reagiert sehr empfindlich auf laute Geräusche. Deshalb sollten Sie gerade bei Neugeborenen darauf achten, dass es nicht ständig sehr lauten Geräuschen ausgesetzt ist.

So sehen Babys

Anders als das Gehör entwickelt sich beim Neugeborenen das Sehen erst nach und nach. Innerhalb der ersten vier Wochen sieht ein Baby noch nicht sehr viel. Es kann Helligkeit gut erkennen, grobe Umrisse und Bewegungen wahrnehmen, aber die Umrisse sind doch noch sehr verschwommen. Ab dem zweiten Monat ist es in der Lage, grobe Umrisse und Bewegungen wahrzunehmen, z. B. die der Gesichter von Eltern und Geschwistern. Im dritten Monat kommt es dann meistens zu einem wunderschönen Erlebnis für Sie, wenn Sie sich über Ihr Baby beugen: Nun wird der Nachwuchs das vertraute Gesicht erkennen und seine Eltern zum ersten Mal strahlend anlächeln!

Im vierten Monat schafft es das Baby bereits, den Raum besser wahrzunehmen und außerdem seine Hände und Arme geschickter zu koordinieren. Nur kurze Zeit darauf, nämlich im fünften Monat, hat sich die Sehschärfe der Kleinen sehr verbessert. Sie sehen nun deutlicher, was um sie herum vor sich geht, ob Menschen ins Zimmer hineinkommen oder hinausgehen. Verlassen Sie nun den Raum in dem Glauben, Ihr Kind schlafe tief und fest oder sei abgelenkt, dann werden Sie sich wundern: Denn nun sieht Ihr Baby, was Sie vorhaben, und wird u. U. lautstarken Protest einlegen! Einen Monat später ist das Sehen bereits so gut ausgebildet, dass das Kind nun gezielt nach Dingen greifen kann. In achten Lebensmonat ist die Sehkraft des Babys bereits voll ausgebildet und es ist in der Lage, vertraute Gesichter aus der Familie von fremden zu unterscheiden.

Bewegung und Mobilität

Ist das Kind drei Monate alt oder älter, so möchte es mehr von der Umwelt mitbekommen, mehr Bewegungsfreiheit haben und eigentlich mitten im Geschehen sein.

Strampeln

Indem es strampelt, zeigt ein Baby z. B., in welcher Stimmung es ist. Tritt es wild mit den Beinchen um sich, so kann es bedeuten, dass es sich freut, oder andererseits, dass es frustriert ist. Diese Art, sich auszudrücken, wird sich später wieder verlieren, wenn z. B. die Sprache des Babys weiterentwickelt ist. Dennoch haben immer noch viele ältere Kinder die Angewohnheit, bei Streit und als Trotzreaktion mit den Beinen aufzustampfen – ein Überbleibsel des Strampelns als Baby.

Sitzen

Zwischen dem vierten und siebten Lebensmonat entwickelt das Baby seine Motorik weiter und kann nun bald alleine sitzen. Dazu müssen aber erst einmal die Rücken- und Nackenmuskeln stark genug sein, damit das Baby nicht umfällt und auch den Kopf ohne Probleme oben halten und selbstständig kontrolliert bewegen kann. Ungefähr zur gleichen Zeit

lernt es außerdem, sich vom Bauch auf den Rücken zu drehen. Mit ungefähr acht Monaten können fast alle Säuglinge bereits ohne Hilfe sitzen.

Krabbeln

Babys fangen mit sechs bis zehn Monaten an, die Welt krabbelnd zu erkunden. Nun beginnt für Sie ein neues Zeitalter. Ihr Kind verlässt den begrenzten Raum, in den Sie es bisher setzen oder legen konnten. Auf seinen Erkundungsrunden begegnet es neuen Gefahren und Hindernissen, die es bisher nicht kannte, z. B. scharfen Möbelkanten, hohen Treppen oder Gegenständen, die umfallen können, wie Vasen oder Stühle. Mit anderen Worten: Auf Sie kommt nun gleich eine doppelte Herausforderung zu – zum einen müssen Sie Ihr Kind nun genauer

beobachten und ihm sogar von Raum zu Raum folgen, zum anderen sollten Sie einmal überprüfen, ob Ihre Wohnung überhaupt krabbelsicher ist.

Das Krabbeln beginnt meistens, wenn die Babys ohne Hilfe gut sitzen können. Dies ist um den sechsten oder siebten Monat der Fall. Nun kann das Baby seinen Kopf lange genug hochhalten, und es kann ihn gut drehen, um sich umzusehen. Die Muskeln an Armen, Beinen und Rücken sind jetzt stark genug, um sich abzustützen, wenn es beim Krabbeln oder Hochziehen fallen sollte. Bevor das Krabbeln einsetzt, robben manche Babys auf dem Bauch durch die Gegend. Durch das Krabbeln werden die Muskeln des Kindes langsam stark genug, um bald auch auf seinen Beinchen laufen zu können.

TIPP

Mitkrabbeln

Es wird empfohlen, dass Sie anfangs mit Ihren Kleinen „mitkrabbeln". Sie sollten sich ebenfalls auf den Boden setzen und dort mit dem Kind spielen, ihm z. B. bunte Bälle vor die Nase rollen und auf diese Weise seine Aufmerksamkeit fördern.

Der Laufstall

Eine praktische Möglichkeit, das Kind für kurze Zeit einmal in Sicherheit zu wissen, ohne es gleich ins Kinderbettchen legen zu müssen, ist der Laufstall. Wenn das Baby krabbelt, und es klingelt an der Tür, dann können Sie es sicherheitshalber in den kleinen „Spielkäfig" setzen. Auch um in Ruhe eine Dusche zu nehmen, bietet der Laufstall einen sicheren Aufenthaltsort für das Kind. Nur: Richtig kindgerecht ist er natürlich nicht, denn er schränkt Babys Bewegungsdrang viel zu sehr ein. Der Laufstall sollte also keine Dauerlösung sein. Muss ein Kind den größten Teil des Tages darin verbringen, wird es sicherlich sehr unzufrieden sein und laut protestieren.

Krabbelsichere Wohnung

- ○ Steckdosen: In jedem Haushalt sind Steckdosen in erreichbarer Höhe angebracht. Hier können Sie eine kindersichere Abdeckung anbringen.
- ○ Treppen: Diese können Sie mit einem Spezialgitter sichern.
- ○ Schubladen: Alle Schubladen, an die ein Kind herankommt, sind potenzielle Gefahrenherde. Hier muss überprüft werden, was sich darin befindet. Sind es spitze oder scharfe Gegenstände wie Besteck oder Scheren – bitte eine Kindersicherung einbauen!

- ○ Schranktüren: Auch dahinter verbergen sich oft Dinge, die nicht in Kinderhände gehören. Das können ätzende Putzmittel sein, alkoholische Getränke, aber auch zerbrechliches Geschirr. Auch die Türen können Sie mit einem bestimmten Riegel für Kinder unzugänglich machen. Diesen erhalten Sie im Handel.
- ○ Herd: Eine sehr große Gefahrenquelle stellt der Herd dar. Wenn das Kind an die Drehknöpfe herankommt, kann es u. U. den Herd anmachen, darauf stehende Gegenstände wie beispielsweise Plastikschüsseln in Brand setzen oder sich selbst durch Greifen auf die heißen Herdplatten schwer verletzen.
- ○ Tische: Eltern mit Kleinkindern sollten möglichst auf Tischdecken verzichten. Kinder ziehen gerne an den herunterhängenden Enden.
- ○ Medikamente: Nicht herumliegen lassen. Babys stecken bunte Pillen und Kapseln gerne in den Mund.
- ○ Pflanzen: Babys mögen es sehr, an Pflanzen zu ziehen und sie samt Blumenerde in den Mund zu stecken. Manche Pflanzen sind allerdings beim Verzehr schädlich und können sogar giftig sein.
- ○ Chemikalien: Tinkturen, Lösungen, Farben, Waschmittel und ähnliche

Chemikalien sollten auf jeden Fall immer unerreichbar hoch in Schränken verstaut werden.

○ Zigaretten: Sollten Sie Raucher sein, dann müssen Sie dafür sorgen, dass Aschenbecher und Zigaretten stets außer Reichweite des Kindes liegen.

○ Scharfe Ecken und Kanten: In jeder Wohnung gibt es solche speziellen Gefahrenzonen, wo eine spitze Kante in den Raum ragt. Sie sollten Ihre Möbel nun so stellen, dass Ihr Kind auf keinen Fall bei einem Sturz gegen diese Kante oder Spitze kommen kann.

○ Fenster: Auch wenn man glaubt, sein Kind käme niemals daran, sollten Fenster immer geschlossen oder auf Kipp stehen – niemals die Fenster weit geöffnet lassen, wenn Kinder in der Wohnung sind!

○ Balkon: Dasselbe gilt für den Balkon. Auch hier gibt es zahlreiche Gefahren, denen Kinder ausgesetzt sind. Die geringste ist, dass sie sich die Hand in der Balkontür quetschen. Im schlimmsten Fall müssen Eltern mit einem Sturz ihres Kindes vom Balkon rechnen. Deshalb sollten Sie die Kleinen niemals alleine und unbeaufsichtigt dort krabbeln oder klettern lassen.

○ Bad: Kleine Kinder können schon in einer flachen Pfütze ertrinken. Dies sollten Sie immer bedenken, wenn Sie Ihr Baby oder das etwas größere Kleinkind baden. Sie sollten Ihre Sprösslinge niemals alleine im Wasser lassen.

○ Wickelkommode: Schon lange, bevor Eltern bei ihrem Baby ans Krabbeln überhaupt denken, ist die Wickelkommode bereits eine erste Gefahrenquelle. Selbst sehr junge Kinder, die sich noch nicht einmal rollen oder selbst aufrichten können, sind in unbeaufsichtigten Momenten bereits heruntergefallen.

Erstes Laufen

Die ersten Gehversuche bedeuten für ein Kind immer einen richtigen Kraftakt: Es steht dann meistens breitbeinig da, während sein Körper nach vorne und nach hinten schwingt. Da beim Kleinkind die Körperproportionen noch nicht ausgewogen sind, macht ihm sein relativ schwerer Oberkörper und der große Kopf mit den vergleichsweise recht kurzen Beinen Schwierigkeiten. In den ersten Tagen und Wochen, an denen das Laufen geübt wird, tapsen die Kleinen noch im „Ganzer-Fuß-Gang" vorwärts: Sie setzen ihre Füße beim Gehen noch recht weit auseinander und die gesamte Fußsohle auf einmal auf. Das Abrollen von der Fußspitze zur Sohle folgt erst

TIPP

Wie kann man das Laufen fördern?
Sie können und sollen Ihren Nachwuchs bei diesen anstrengenden ersten Gehversuchen stets unterstützen. Wenn Sie sich in einiger Entfernung vor das Kind hinstellen und ihm die Arme entgegenstrecken, wird es sich ermutigt fühlen. Außerdem können Sie ihm einen Puppenwagen oder alternativ ein Rutschauto geben, an dem es sich festhalten kann.

später. Wenn ein Kind zehn Jahre alt ist, wird es erst „richtig" laufen und im sogenannten „Nullgang" die Spurbreite erheblich verringert haben und einen Fuß vor den anderen setzen.

Kindersichere Wohnung

○ Türen: Einem Laufkind stehen quasi alle Türen offen! Es steht nun aufrecht auf zwei Beinen und kommt somit auch an die Türklinke heran, die bisher immer noch außer Reichweite lag. Möchten Sie also nicht, dass Ihr Kind plötzlich auf den Flur oder gar auf die Straße spaziert, oder ein paar steile Treppen herunterpurzelt, sollten die Wohnungstür und die Haustür von nun an stets verschlossen sein.

○ Elektrogeräte: Geräte wie der Fernseher, die Stereoanlage oder der Küchenherd sind nun für das Kind erreichbar. Die Gefahr, dass es fasziniert an den Knöpfen herumspielt, Töpfe oder Pfannen von der Herdplatte ziehen will oder seine Hände auf die heiße Herdplatte legt, ist nun sehr groß.

○ Treppen: Ermutigt von seinen ersten Lauferfolgen, wird sich das Kind nun besonders gerne an Hindernisse wie Treppen heranwagen, nur, dass es diese noch nicht meistern kann. Die vorhandenen Treppengitter sollten besonders während der Lauflernphase immer geschlossen sein. Auch draußen beim Spazierengehen sind Treppen Verlockung und Stolperfalle zugleich für ein Kleinkind.

○ Möbel: Mit seinen neuen Fähigkeiten kann ein Kind nun nicht nur die Sofas, Stühle und Tische hinaufklettern, sondern es kann auch darauf stehen. Sie sollten nun unbedingt noch einmal überprüfen, welche Möbelstücke leicht umfallen und das Kind somit verletzen könnten.

Sprachliche Entwicklung

Der erste Laut eines Babys ist sein erster Schrei nach der Geburt. In den ersten Lebenstagen und -wochen ist dies auch fast sein einziges Mittel, um zu kommunizieren. Wenn das Kind einen Monat alt ist, kann es sich bereits in verschiedenen Lauten ausdrücken. Nun können Sie viel mit dem Neugeborenen sprechen und ihm vorsingen.

In seinem zweiten Lebensmonat macht das Baby die gurrenden, quietschenden und lallenden Geräusche. Der sprachliche Ausdruck ist nun schon etwas differenzierter geworden.

Ist das Kind zwischen drei und sechs Monaten alt, so bildet es bereits zahlreiche Laute nach, die es in seiner Umgebung gehört hat. Nun ist es besonders wichtig, viel mit dem Kind zu sprechen, ihm Dinge zu zeigen und diese beim Namen zu nennen.

Zwischen dem sechsten und dem neunten Lebensmonat setzt die sogenannte zweite Lallphase ein. Nun plappert das Baby schon munter vor sich hin und bildet auch seine ersten Doppelsilben wie „Mama", „Papa" oder „Dada". Es unterstreicht dieses Sprechen schon mit Gesten und versteht bereits einige Wörter, die man ihm vorsagt. Sollte das Baby anders als so beschrieben reagieren, dann kann es möglich sein, dass bei ihm Probleme mit dem Gehör vorliegen.

Vom zehnten bis zum zwölften Lebensmonat, also etwa bis zu seinem ersten Geburtstag, ist das Baby schon einen großen Schritt weiter: Nun kann es Lautkombinationen bereits den konkreten Gegenständen zuordnen. So weiß es beispielsweise, dass mit „Wauwau" ein Hund gemeint ist. Das Kind bildet nun selbst seine ersten Wörter und kann Stimmungen, Wünsche und Forderungen durch die Änderung seiner Stimmlage ausdrücken. Seine Eltern können nun bereits kleine Spiele mit ihrem Kind machen, indem sie z. B. mit ihm gemeinsam Bilderbücher anschauen und nach den dort gezeichneten Gegenständen fragen. Hierbei sollten Sie aber nicht unbewusst in die „Babysprache" verfallen: Ist beispielsweise ein Fahrrad auf einem Bild zu sehen, so sollten sie dies auch so nennen, und nicht in einer Verkürzungs- oder Verniedlichungsform.

Ist das Kind zwischen einem und eineinhalb Jahren alt, so wird es beginnen, Einwortsätze zu sprechen. Nun sollte es auch bestimmten Dingen schon Laute oder Wörter zuordnen können und bereits Worte für seine engsten Bezugspersonen und sein Lieblingsspielzeug haben. In dieser Phase kennt es bereits zehn bis 20 verschiedene Wörter und versucht, Lieder nachzusingen.

Gesundheit des Babys

Die Untersuchungen des Babys im ersten Jahr

Um die Gesundheit und Entwicklung eines Babys positiv zu beeinflussen, wurden im Jahr 1976 erstmals in Deutschland kostenlose Untersuchungen angeboten. Seit 1991 sind diese nun in allen Bundesländern gleich. Die erste der sogenannten „U"- Untersuchungen, die U1, findet direkt nach der Geburt statt. Bei diesen Untersuchungen, die der Kinderarzt vornimmt, wird routinemäßig geprüft, ob sich das Kind normal entwickelt, ob Fehlbildungen, Stoffwechselkrankheiten oder Geburtsverletzungen vorhanden sind. Sollte eine Auffäl-

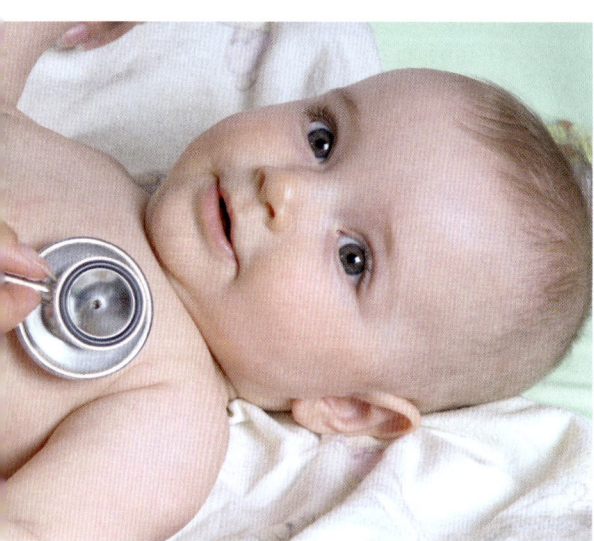

ligkeit festgestellt werden, kann der Kinderarzt sofort darauf reagieren und mit einer Behandlung beginnen. Auch die Impfungen des Kindes werden hier regelmäßig überprüft und in seinem Impfpass eingetragen.

U1 – kurz nach der Geburt

Die U1 findet direkt fünf bis zehn Minuten nach der Geburt statt und gibt Auskunft darüber, wie groß, schwer und aktiv das Neugeborene ist. Der Arzt untersucht das Baby nun nach inneren und äußeren Fehlbildungen oder Geburtsverletzungen. Dies kann z. B. die sogenannte Schnapphüfte sein (s. S. 71). Der größte Teil der Untersuchungen ist der sogenannte APGAR-Test. Er wurde im Jahr 1952 von der Forscherin Virginia Apgar entwickelt. Die Buchstaben ihres Nachnamens stehen heute für fünf wichtige Merkmale, nach denen der Arzt den Gesundheitszustand des Säuglings beurteilt: A steht hierbei für Atmung, P für Pulsschlag und Herzfrequenz, G für den Grund-Tonus (also den Muskeltonus), A für das Aussehen (Hautfarbe des Babys) und R für die Reflexe. Diese Merkmale werden nach ihrer Ausprägung mit null, ein oder zwei Punkten bewertet. Die höchste zu erzielende Punktzahl liegt also bei zehn Punkten. Dies bedeutet, dass das Kind bei ausgezeichneter Gesundheit ist. Aber auch sieben bis neun Punkte sind bei dieser Erstuntersuchung immer noch recht gut. Zeigt das Kind keine Auffälligkeiten, so bleibt es später bei der Mutter auf der Neugeborenenstation. Bei ambulanten Geburten darf es von den Eltern mit nach Hause genommen werden.

Bei der U1 erhält das Baby zwei Tropfen des wichtigen Vitamin K, um möglichen inneren Blutungen vorzubeugen. Außerdem gibt der Arzt meistens Silbernitrat-Augentropfen. Mit dieser Credé-Prophylaxe soll bakteriellen Augeninfektionen vorgebeugt werden, die sich das Neugeborene während der Geburt zugezogen haben kann.

Das Kind wird bei dieser Erstuntersuchung außerdem gewogen und gemessen und der Arzt stellt den Kopfumfang bei der Geburt fest. Schließlich entnimmt er Blut aus der Nabelschnur, um festzustellen, ob das Kind auch während des Geburtsvorganges mit ausreichend Sauerstoff versorgt wurde.

U2 – zwischen dem dritten und zehnten Tag

Nun haben Sie die Gewissheit, dass es dem Baby gut geht, und Sie können sich in den nächsten aneinander gewöhnen und sich gegenseitig kennenlernen. Zwischen dem dritten und zehnten Lebenstag des Kindes findet dann die zweite Neugeborenenuntersuchung, die U2, statt.

Frauen, die dann noch im Krankenhaus sind, werden diese Untersuchung dort machen lassen. Mütter, die ambulant entbunden haben, sollten sich rechtzeitig bei ihrem Kinderarzt einen Termin für die U2 geben lassen.

Bei dieser Untersuchung ist der Guthrie-Test wichtigster Bestandteil. Nun wird der Säugling auf evtl. angeborene Stoffwechselstörungen wie Phenylketonurie, Galaktosämie, Arginin-Succinurie und Leucinose untersucht. Dazu nimmt man einen winzigen Blutstropfen aus der Ferse des Babys. Mit der Blutuntersuchung können auch andere Krankheiten wie die Neugeborenengelbsucht, Mukoviszidose oder eine Schilddrüsenunterfunktion rechtzeitig erkannt und entsprechend behandelt werden.

Aber nicht nur das Blut, sondern der ganze Körper des Säuglings wird gründlich untersucht. Der Kinderarzt überprüft nun die Wirbelsäule und die Hüften, die Sinnesorgane, Geschlechtsorgane und den Darmausgang. Er testet gründlich die Motorik, die Reflexe und das Nervensystem des Babys. Bei dieser U2 oder der nächsten Untersuchung, der U3, sollte die Hüfte des Neugeborenen mit einer Ultraschalluntersuchung überprüft werden, um eine Hüftdysplasie, eine Art Reifestörung des kindlichen Hüftgelenks, auszuschließen.

Auch bei der U2 bekommt das Kind wieder Vitamin-K-Tropfen verabreicht. Außerdem wird der Arzt Ihnen nun empfehlen, Ihrem Sprössling Vitamin-D-Tabletten zu geben, um einer Rachitis vorzubeugen, und zur Einnahme von Fluorid-Tabletten zur Zahnhärtung raten. Für diese sehr umfangreiche Untersuchung sollten Sie einen größeren Zeitbedarf einplanen.

U3 – vierte bis sechste Woche

Die U3 wird vom Kinderarzt in der vierten bis sechsten Lebenswoche Ihres Babys vorgenommen. Er überprüft nun erneut die Körperlänge, das Gewicht sowie den Kopfumfang des Kindes und trägt diese Werte zur Beobachtung in das Untersuchungsheft ein. Nun werden auch die Körperhaltung des Kindes, seine Reflexe und Organe untersucht. Der Arzt tastet bei einem Jungen die Hodensäcke ab, um einen eventuellen Hodenhochstand festzustellen. Auch bei dieser dritten Untersuchung bekommt das Kind wieder Vitamin-K-Tropfen verabreicht.

Bei der U3 wird auch das Gehör des Kindes untersucht. Aus einem Abstand von etwa 30 Zentimetern wird der Kinderarzt Geräusche machen. Hört Ihr Kind sie normal, reagiert es mit dem Lidschlag-Reflex. Überprüft wird auch, ob das Kind inzwischen einen Punkt, den es ansieht, mit den Augen fixieren kann. Eltern können die Sehkraft ihres Kindes auch unabhängig vom Arztbesuch kontrollieren: Ist es zwischen vier und sechs Wochen alt, dann sollte es zurücklächeln, wenn Sie es anlächeln. Der Arzt fragt Sie bei der U3 auch nach den Ernährungsgewohnheiten, dem Schlaf des Babys und nach seinem Stuhlgang. Eine der wichtigsten Untersuchungen bei der U3 ist aber die Ultraschalluntersuchung der Hüfte des Säuglings, sofern diese nicht schon im Rahmen der U2 vorgenommen wurde.

U4 – dritter bis vierter Monat

Die U4 findet zwischen dem dritten und vierten Lebensmonat statt. Jetzt muss das Baby schon richtig „turnen", denn es werden seine Bewegungsabläufe getestet.

Der Arzt prüft nach, ob es seinen Kopf alleine halten kann, wenn es an beiden Händen aus dem Liegen hochgezogen wird. Kann es bereits Gegenstände greifen und in den Mund stecken? Und wie weit ist es mit seiner Feinmotorik insgesamt? Ein Blick in die Augen des Säuglings verrät, ob er einen Punkt oder Gegenstand mit den Augen verfolgen kann. Auch das Gehör wird bei dieser Untersuchung erneut getestet.

Auch bei dieser vierten Vorsorgeuntersuchung wird Ihr Kind wieder sehr gründlich körperlich untersucht. Der Arzt schaut sich nun das Herz, die Lunge und die Verdauungsorgane einschließlich der Nieren genauer an. Bei den Jungen wird zusätzlich untersucht, ob sie einen Hodenhochstand oder einen Wasserbruch im Hoden, Hydrozele genannt, haben. Zu der Untersuchung gehört auch die Überprüfung der Fontanellen, der Lücken in der Schädeldecke des Babys. Sie sollten noch nicht geschlossen sein, damit der Kopf des Kindes weiter problemlos wachsen kann.

Spätestens jetzt wird das Baby auch seine ersten Impfungen erhalten. Es wird empfohlen, es gegen Diphterie, Tetanus, Haemophilus influenza Typ B (Hib), Kinderlähmung, Pneumokokken und Hepatitis B impfen zu lassen.

U5 – sechster bis siebter Monat

Der Schwerpunkt der U5 zwischen dem sechsten und siebten Monat liegt darauf, dass nun die Reaktionsfähigkeit und die geistige Entwicklung Ihres Kindes überprüft werden. Reagiert es, wenn es ein Telefon klingeln oder eine laute Hupe hört? Schaut es sein Gegenüber bereits an, wenn man ihm das Gesicht zuwendet? Darüber hinaus werden wieder die Größe und das Gewicht des Kindes gemessen, außerdem der Kopfumfang, und die Organe werden gründlich untersucht.

Der Arzt prüft nun auch die Geschicklichkeit des etwa halbjährigen Kindes. Kann es gut greifen, schafft es, sich aus

bereits krabbeln können, sich an einem Schrank oder Tisch hochziehen und vielleicht auch schon erste Schritte auf eigenen Füßen gemacht haben. Meistens kann das Kind nun einige Wörter oder Doppellaute aussprechen, z. B. „Mama", „Papa" oder „Dada". Es werden hierbei noch fällige Impfungen nachgeholt, z. B. die MMR-Impfung (Impfung gegen Masern, Mumps und Röteln) und die Varicellenimpfung (Impfung gegen Windpocken). Hat das Kind seine vierte Impfung bekommen, ist die sogenannte Grundimmunisierung abgeschlossen.

der Bauchlage auf die Hände zu stützen? In diesem Alter sollte das Baby auch schon in der Lage sein, sich vom Rücken auf den Bauch zu drehen. Erneut werden bei der U5 die Sinnesorgane, also Augen und Ohren, getestet und das Kind wird nach Anzeichen für Rachitis untersucht. Bei diesem Arztbesuch wird außerdem die erste Wiederholungsimpfung fällig.

U6 – zehnter bis zwölfter Monat

Sind keine wesentlichen Krankheiten oder Beeinträchtigungen bei Ihrem Baby aufgetreten, so wird der Arzt sich bei der U6 zwischen dem zehnten und zwölften Lebensmonat ganz auf die Motorik und die Sprachentwicklung des Kleinkindes konzentrieren. Nun sollte es

Typische Babykrankheiten
Akne oder Hautgrieß

Obwohl es ungewöhnlich klingt: Manche Babys bekommen eine Art Akne, so wie man sie von Teenagern kennt. Auch sie verschwindet fast immer von alleine, braucht aber recht lange dafür, manchmal sogar einige Monate.

Ursache

Der Grund für die Entstehung solch einer Neugeborenen- oder Baby-Akne sind Hormone, die während der Schwangerschaft in den Blutkreislauf des Kindes gelangt sind. Diese Pickel oder Pusteln können allerdings eitern oder sich entzünden, wenn man sie aufkratzt.

Symptome

Pickel und Pusteln am ganzen Körper.

Das können Sie selbst machen

In dieser Zeit sollten Sie die Fingernägel Ihres Babys möglichst kurz halten, damit es sich nicht selbst Kratzspuren zufügt. Auf Cremes sollten Sie jetzt verzichten und darauf achten, dass Sie Ihr Kind regelmäßig mit lauwarmem Wasser ohne Seifenzusatz waschen und ihm luftige, nicht kratzende Kleidung anziehen. Die Pickel sollten Sie nicht ausdrücken.

Das macht der Arzt

Zum Arzt muss man damit nicht unbedingt gehen, Sie können ihm oder der Hebamme aber den Ausschlag zeigen, um sicherzugehen, dass es sich hierbei wirklich nur um Hautgrieß handelt.

Allergien

Eine Allergie ist eine Überempfindlichkeitsreaktion des Körpers auf bestimmte Umweltstoffe (Allergene), die normalerweise völlig harmlos sind. Grundsätzlich ist eine Allergie in jedem Alter, auch im Babyalter, möglich.

Ursachen

Allergien sind nichts anderes als eine Überempfindlichkeitsreaktion des Körpers auf bestimmte Stoffe aus der Umwelt. Kinder, und besonders Säuglinge, reagieren entsprechend empfindlicher auf die Umwelt als Erwachsene und sind deshalb auch recht anfällig: Schon sehr geringe Mengen eines solchen „Allergen" genannten Stoffes reichen beim Baby aus, um eine Allergie auszulösen.

Symptome

Es gibt zahlreiche allergische Reaktionen, die schon bei Babys auftreten können und beinahe alle Organe betreffen. Die häufigsten Reaktionen gibt es allerdings an den Augen, auf der Haut, an Atmungsorganen und im Verdauungstrakt. Diese Reaktionen können teilweise sehr plötzlich und sehr heftig auftreten, bis hin zu einem anaphylaktischen Schock. Besonders häufig sind bei den Kleinen der Nesselausschlag, juckende Quaddeln auf der Haut, der Heuschnupfen oder asthmatische Beschwerden.

Das können Sie selbst machen

Sie sollten genau beobachten, wann und wie Ihr Kind eine allergische Reaktion zeigt. Reagiert es auf ein bestimmtes Lebensmittel, sollten Sie dieses versuchsweise einmal für etwa eine Woche weglassen. Wenn die allergische Reaktion dann nicht mehr auftritt, hat man das Allergen möglicherweise schon gefunden. Letzte Sicherheit bietet dann einer der genannten Allergietests in Absprache mit dem Kinderarzt. Ist die Allergie dann erkannt, können Sie sich vorbereiten, um auch im Notfall gerüstet zu sein. Sollte ein Kind z. B. unter einer Bienen- oder Wespenstich-Allergie leiden, sollten Sie stets ein Notfallset bereithalten. Bei den anderen Allergien reichen entweder ein Spray zum Inhalieren, Kortison oder ein Antiallergikum.

Das macht der Arzt

Bei Verdacht auf eine Allergie wird der Kinderarzt einen Allergietest machen. Allerdings ist die Diagnose bei Kindern schwieriger als die bei Erwachsenen. Hier können Reaktionen ausbleiben, obwohl das Kind dennoch unter einer Allergie leidet.

Dreimonatskoliken

Obwohl diese Bauchschmerzen beim Kind Dreimonatskoliken heißen, können sie tatsächlich viel länger als in diesem Zeitraum, nämlich sogar bis zum fünften Lebensmonat auftreten. Davon sind etwa zehn bis 20 Prozent aller Babys betroffen. Sie sollen sich keine Gedanken über Wachstum und Gedeihen Ihres Kindes machen, denn dieses wird durch die Koliken nicht beeinträchtigt.

Ursachen

Die genauen Ursachen für die Dreimonatskoliken sind noch ungeklärt, vermutet wird aber, dass sie aus folgenden Gründen auftreten: Der Darm des Babys ist noch nicht ausgereift, es verschluckt sich durch zu hastiges Trinken, es reagiert allergisch auf ein Nahrungsmittel bei Fläschchenmilch, z. B. auf Kuhmilcheiweiß, oder auf Nahrungszusätze, die in teiladaptierter Fertigmilchnahrung enthalten sind, und im Magen zu stark aufschäumen.

TIPP

Ruhe bewahren

Bei allen Nerven, die diese anstrengende Zeit kosten kann, sollten Sie stets versuchen, ruhig zu bleiben. Schimpfen, lautes Rufen oder gar Schütteln des Babys, um es vom Schreien abzuhalten, sind die denkbar schlechtesten Lösungen. Man sollte immer bedenken, dass die Dreimonatskoliken harmlos sind und nach einer Weile von selbst vorübergehen. Eines Tages sind sie wie durch einen Zauber verschwunden! Das Baby ist nun endlich wieder beschwerdefrei, und auch Sie können erleichtert durchatmen.

Symptome

Die Kleinen leiden stark an den schmerzhaften Blähungen und strapazieren Sie mit Schrei-Attacken. Es gibt keine wirkliche Behandlung dagegen, allerdings ein paar Tipps, wie man die Koliken etwas lindern kann.

Das können Sie selbst machen

Zunächst sollten Sie darauf achten, dass Ihr Baby nicht zu hastig trinkt, denn dabei verschluckt es viel Luft, die dann im Bäuchlein zu Blähungen führen kann. Man sollte versuchen, das Kind beim Füttern oder Stillen in eine aufrechte Position zu bringen, damit es öfter aufstoßen kann. Das „Bäuerchen" ist überhaupt sehr wichtig: Auch wenn es manchmal etwas länger dauert, oder auch mal mit Spucken des Babys verbunden ist, sollten Sie stets darauf achten, dass das Kind nach den Mahlzeiten aufstößt und dadurch schon überflüssige Luft aus dem Bauch entweicht. Beim Fläschchengeben hilft es, wenn das Saugerloch recht klein ist, sodass das Kind nicht so viel Luft mit ansaugen kann. Beim Fläschchen sollten Sie auch darauf achten, dass nach dem Schütteln nicht zu viel Schaum entstanden ist. Hilfreich gegen Koliken sind mehrmals am Tag kleinere Mahlzeiten.

Manche Nahrungsmittel sollten Sie bei Blähungen ganz vermeiden. Dazu gehören z. B. Zwiebeln, Lauch, alle Kohlarten, aber auch stark gewürzte Speisen. Diese Einschränkung gilt natürlich besonders für Mütter, die stillen, da sie über die Muttermilch die Inhaltsstoffe ihrer Nahrung auch an das Kind weitergeben.

Auch andere, harmlos erscheinende Lebensmittel, können beim Sprössling Blähungen hervorrufen. Dazu gehören z. B. Kaffee, Tee, Schokolade, Hefe, aber auch einige Obstsorten wie Äpfel und Pflaumen sowie Orangensaft. Mütter, deren Kinder unter heftigen Dreimonatskoliken leiden, sollten probeweise auf diese Lebensmittel verzichten. So kann man am besten feststellen, worauf genau das Kind reagiert.

Stillende Mütter werden außerdem angehalten, auf Alkohol und Zigaretten zu verzichten. Werden die Koliken trotz aller eingeleiteten Maßnahmen nicht besser, so sollten Sie vorsichtshalber dem Kinderarzt einen Besuch abstatten. In manchen Fällen kann auch eine Allergie gegen Kuhmilch oder Eiweiß dahinter stecken. Mit einigen Tricks kann man

TIPP

Bauchlage
Lässt sich das Baby gar nicht beruhigen, so hilft es oft, wenn man es mit sich herumträgt. Besonders gut soll die Bauchlage helfen: Dazu wird das Kind auf Ihren linken Unterarm gelegt. Durch das Herumgehen wird der Bauch des Kindes so sanft massiert.

seinem kleinen Zwerg in dieser schweren Zeit gut helfen: Man sollte das leidende Kind möglichst wenig Reizen aussetzen. Es sollte also in einer möglichst ruhigen Umgebung liegen und viel Zeit zum Ausruhen haben.

Stress, Hektik und Lärm sollten möglichst vermieden werden. Dabei hilft es eben auch besonders, wenn Sie ruhig bleiben und diese Ruhe auch dem leidenden Kind vermitteln. Für das Kind ist es außerdem sehr wohltuend, wenn man das schmerzende Bäuchlein sanft mit etwas Babyöl massiert.

Das macht der Arzt
Wenn man nicht sicher ist, ob es sich wirklich um Dreimonatskoliken handelt, kann der Arzt das Kind gründlich untersuchen und so andere, schwerwiegende Erkrankungen ausschließen.

Dreitagefieber
Diese Infektionskrankheit tritt meist im ersten Lebensjahr auf, bis zum Alter von zwei Jahren haben über 95 Prozent der Kinder das Dreitagefieber bereits gehabt.

Ursachen
Viele Babys bekommen das recht harmlose, aber für Eltern ziemlich aufregende Dreitagefieber. Ausgelöst wird es

durch zwei Typen des Herpesvirus, das durch Tröpfcheninfektion wie Husten, Niesen oder Spucken übertragen wird. Die Inkubationszeit, also die Zeit zwischen der Ansteckung und dem Ausbruch der Krankheit, liegen zwischen drei und 15 Tagen.

Symptome

Am Körper Ihres Kindes zeigt sich ein fleckiger Ausschlag. Aber keine Sorge: Dieser Ausschlag hat sogar etwas Positives. Er zeigt nämlich an, dass das Kind die Virusinfektion nun schon fast überwunden hat.

Das können Sie selbst machen/ Das macht der Arzt

Dieser Ausschlag muss nicht behandelt werden. Er bleibt einige Tage und klingt dann von ganz alleine wieder ab.

Erbrechen

Es ist unangenehm, aber dennoch kommt es häufig bei kleinen Kindern und Babys zum Erbrechen. Die Ursachen sind vielfältig.

Ursachen

Erbricht das Baby mehr als nur kleine Mengen nach den Mahlzeiten, kann dies auf eine Erkrankung hindeuten. Der Brechreiz wird dabei vom Gehirn ausgelöst, die Symptome können durch mehrere verschiedene Krankheiten ausgelöst werden. Wichtig ist es dann herauszufinden, weshalb das Baby erbricht. Denn durch das Spucken verliert der kleine Körper Wasser, Säure und Salz, und dies kann eine Unterversorgung beim Baby zur Folge haben. Wenn Sie davon überrascht werden und keine Erklärung für das Erbrechen Ihres Kindes haben, sollten Sie sich erst einmal an einen Arzt wenden.

Symptome

Sie sollten dem Arzt genau schildern können, wie das Erbrochene aussieht, also Konsistenz und Färbung. Außerdem ist es hilfreich, wenn Sie berichten, wie der Säugling gespuckt hat. Kam das Erbrochene im Anschluss an das Füttern in kleineren Mengen heraus, so handelt es sich einfach nur um das Ausspucken von zuviel gegessener Nahrung. Dann liegt kein weiterer Grund zur Besorgnis vor. Am häufigsten erbrechen Babys schwallartig und in großen Mengen, ebenfalls im Anschluss an eine gerade genossene Mahlzeit. Diese Art des Spuckens kommt am häufigsten bei Brechdurchfall vor. Erbricht das Kind im Strahl und in einem hohen Bogen, so deutet dies auf eine Magenpförtnerverengung beim Kind hin.

Das können Sie selbst machen

Ist man mit dem Kind wieder zu Hause, braucht es nun besondere Aufmerksamkeit. Und so können Sie Ihrem Baby helfen: Sie sollten es beruhigen, mit ihm sprechen, und ihm das Köpfchen beim Erbrechen stützen. Auch wenn nun relativ viel aus dem Babymund herauskommt, muss auch wieder viel Flüssigkeit hinein. Im Notfall kann man Tee oder Wasser löffelweise geben. Auch magenberuhigende Teesorten wie z. B. Kamillentee und Fencheltee und spezielle Elektrolyt-Lösungen aus der Apotheke sind hier hilfreich.

Das macht der Arzt

Gerade wenn Sie noch unerfahren sind, sollten Sie die Diagnose nicht selbst wagen, sondern sich direkt an den Kinderarzt wenden. In der Praxis können dann alle notwendigen Maßnahmen eingeleitet werden, denn wenn ein Säugling in kurzer Zeit relativ viel Flüssigkeit verliert, wird er leicht lethargisch und schläft viel.

Dies wiederum führt dazu, dass er möglicherweise Mahlzeiten verpasst und so nicht genügend Flüssigkeit zu trinken bekommt. Der Arzt kann durch Medikamente dafür sorgen, dass sich der Flüssigkeits- und Elektrolytverlust beim Kind in Grenzen hält.

Erkältung

Jeder kennt die lästigen Erkältungen, die die Nase triefen und den Hals kratzen lassen. Man fühlt sich unwohl, ist aber nicht ernsthaft krank. Genau dieses passiert natürlich auch Neugeborenen, und zwar öfter, als es den Eltern lieb ist. Babys bekommen sehr häufig Erkältungen: Mindestens zehn im ersten Lebensjahr sind keine Seltenheit! Das bedeutet für Sie oft, viel Trost zu spenden, das kleine Näschen sehr häufig zu putzen und auch die eine oder andere Nacht nur wenig zu schlafen.

Ursachen

Das Immunsystem eines Säuglings ist kurz nach der Geburt noch nicht völlig intakt, sondern fährt nur auf etwa 60 Prozent seiner Leistung. Da Viren, die eine Erkältung auslösen, durch die Luft übertragen werden, muss sich ein Baby nur in der Nähe eines anderen erkälteten Menschen befinden, und schon hat es sich möglicherweise angesteckt!

Symptome

Die nun folgenden Symptome sind meistens leichtes Fieber bis etwa 38 Grad Celsius, eine laufende Nase, Halskratzen und Husten. Sehr kleine Säuglinge, die nicht einmal ein halbes Jahr alt sind, werden durch eine verstopfte Nase Schwierigkeiten beim Saugen bekommen, denn sie sind in diesem Alter noch sogenannte Nasenatmer. Das Atmen durch den Mund fällt ihnen dann noch recht schwer.

Das können Sie selbst machen

Sie können Ihrem Kind nun damit helfen, indem Sie seine Nase ständig sauber halten, damit das Kind besser trinken und nachts auch schlafen kann. Solch eine Erkältung kann nach einigen Tagen, aber auch erst nach ein bis zwei Wochen abgeklungen sein. Da ein Neugeborenes aber empfänglich für viele Erkältungen ist, kommt es den Eltern vielleicht so vor, als würde Babys Näschen gar nicht mehr aufhören zu laufen.

Man kann natürlich versuchen, das Immunsystem seines Babys so gut wie möglich zu stärken, indem man es z. B. stillt. Dies verhindert natürlich nicht, dass das Kind sich trotzdem erkältet, aber die Symptome bei Stillbabys sind meistens wesentlich schwächer. Ein krankes Kind sollte in einem angenehm temperierten Raum in guter Luft schlafen. Ist man tagsüber mit dem Kind unterwegs, sollten Sie es möglichst nicht in die Nähe anderer kranker Kinder lassen und auch nicht in schlecht belüftete Räume mitnehmen, in denen geraucht wird. Ist das Kind krank, dann werden die meisten Eltern ohnehin den Arzt aufsuchen, damit er sich die Symptome einmal ansieht. Ansonsten gilt als Faustregel: Babys unter drei Monaten sollten bei jedem Krankheitsverdacht vom Kinderarzt untersucht werden. Ältere Babys, die eine langwierige Erkältung von mehreren Tagen oder Fieber über 39 Grad Celsius haben, unter Ohrenschmerzen, Atemproblemen oder Krämpfen leiden, oder den Eltern auffällig vorkommen, sollten auch auf jeden Fall einmal zum Kinderarzt gebracht werden.

Das macht der Arzt

Der Arzt kann bei Bedarf Nasentropfen für Säuglinge oder Tropfen verordnen, die man dem Baby auf die Brust träufelt oder dort einreibt. Die in den Tropfen enthaltenen Aromen helfen, Babys Nase freizubekommen.

Fieber

Zu den Beschwerden, die Babys häufiger bekommen, gehört auch Fieber: Das Köpfchen ist heiß und die Wangen sind rot. Natürlich macht sich die Mutter Sorgen, will dem Kind sofort helfen. Bei Neugeborenen ist plötzlich auftretendes Fieber allerdings meistens kein Grund zur Beunruhigung. Sie haben bereits von Natur aus eine höhere Körpertemperatur als beispielsweise Kleinkinder, und diese liegt etwa zwischen 36,5 und 37,5 Grad Celsius. Im Laufe eines Tages kann Babys Temperatur auch mal leicht ansteigen und sinkt dann nachts wieder ab. Natürlich sollten Eltern die Temperatur ihres Kindes messen, wenn sie das Gefühl haben, dass etwas nicht stimmt. Liegt diese Temperatur aber unter 37,7 Grad Celsius am Morgen und unter 38,2 Grad Celsius am Abend, dann ist alles in Ordnung.

Ursachen

Es gibt verschiedene Gründe, weshalb ein Säugling plötzlich fiebert:
- ❍ nach einer Impfung
- ❍ bei einer Erkältung
- ❍ im Zusammenhang mit einer Grippe
- ❍ wenn das Baby außerdem eine Halsentzündung hat
- ❍ bei einer Mittelohrentzündung
- ❍ bei einer Infektion der Atemwege
- ❍ bei Krupphusten
- ❍ bei einer Harnwegsinfektion

Symptome

Auf folgende Symptome sollten Sie also bei einem fiebernden Baby achten: Ist das Kleine jünger als drei Monate und steigt die Temperatur über 37,8 Grad Celsius, dann sollten Sie den Kinderarzt um Rat fragen. Ebenso, wenn das Kind zwischen drei und sechs Monaten alt ist, und die Temperatur über 38,2 Grad Celsius liegt. Bei einem Säugling über sechs Monaten sollte das Fieber 39,2 Grad Celsius nicht übersteigen. Einen Arzt sollten Sie auch hinzuziehen, wenn das Fieber, egal, wie hoch, länger als drei Tage anhält.

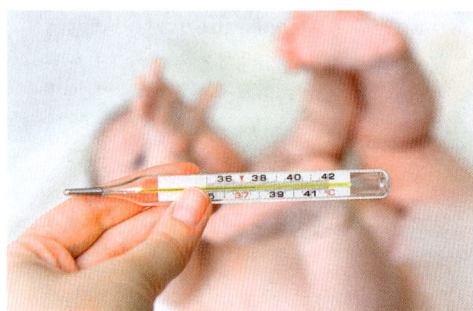

Das können Sie selbst machen

Natürlich sollten Eltern ihr fieberndes Baby gut im Auge behalten. Regelmäßiges Temperaturmessen und ein Beobachten der Reaktionen des Kindes sind hier sehr wichtig. Hat der kleine Sprössling z. B. trotz hohen Fiebers einen gesunden Appetit und sieht munter und lebhaft aus, dann muss man sich weniger Sorgen machen, als wenn der Kleine still und apathisch ist und viel weint.

TIPP

Fieber-Schnelltest

Manchmal sind Mutter und Kind unterwegs, beim Einkaufen oder zu Besuch bei Freunden, wenn es Fieber bekommt, und nicht immer ist sofort ein Thermometer zur Hand. Als „Schnelltest" eignet sich, dass man das Kind an der Stirn in Höhe der Augenbrauen mit dem Finger oder den Lippen berührt. Fühlt sich die Stirn des Babys trotz seines roten Kopfes aber angenehm kühl an, kann man sofort beruhigt sein – und später zur Sicherheit trotzdem noch einmal mit dem Thermometer nachmessen.

Am besten misst man bei Kindern unter drei Jahren die Temperatur im Po (rektal). Das dazu verwendete Thermometer sollte mit einer Plastik-Schutzhülle aus der Apotheke versehen werden oder nach dem Messen mit heißem Wasser sterilisiert werden. Ist es nicht möglich, die Temperatur rektal zu messen, kann man auch die Achselhöhlen des Kindes nehmen. Allerdings wird die Temperatur weniger genau angezeigt. Die Erfahrung zeigt, dass man zu dem hier genommenen Ergebnis etwa ein halbes Grad dazurechnen muss.

Das macht der Arzt

Ist man unsicher, was den Gesundheitszustand seines Kindes angeht, dann sollten Sie auf jeden Fall den Kinderarzt kontaktieren. Ein guter Arzt kann Sie

TIPP

Wadenwickel

Eine sehr beliebte Methode sind die Wadenwickel: Dazu wickelt man z. B. Geschirr- oder andere dünne Baumwolltücher, die man in lauwarmes Wasser getaucht hat, um die Waden des Kindes. Liegt es im Bettchen, so empfiehlt es sich, entweder ein trockenes Handtuch um das nasse herumzuwickeln oder auf die Matratze des Babybettes eine Gummimatte zu legen. Auf diese Weise zieht die Feuchtigkeit des Wadenwickels nicht in die Bettwäsche hinein. Solche Maßnahmen helfen am besten bei leicht fiebernden Kindern.

auch am Telefon leicht beruhigen und Ihnen sagen, wie krank Ihr Kind ist. Im Zweifelsfall wird er Eltern und Kind auch außerhalb der Sprechzeiten in seine Praxis bitten, zu ihnen nach Hause kommen oder ihnen den Kinderarzt im Notdienst vermitteln.

Bei hohem und heftigem Fieber wird der Kinderarzt fiebersenkende Zäpfchen verordnen. Hat man solche nicht oder nicht mehr im Haus, sollten Eltern keinesfalls auf stärkere Medikamente zurückgreifen. Sicherer ist es, sich neue Kinderzäpfchen aus der Apotheke oder auch bei Freunden und Bekannten zu besorgen.

Hautausschlag

Kurz nach der Geburt werden Sie Ihr Kind besonders häufig und gründlich anschauen und beobachten.

Ursachen

In manchen Fällen tritt bei Kindern ein Hautausschlag auf, der eine allergische Reaktion anzeigt. Oft reagieren besonders kleine Kinder stark auf Weizen, auf Kuhmilchprodukte, auf einige Obstsorten, besonders auf Süd- und Zitrusfrüchte, aber auch auf zu viel Zucker. Ehe man sich zu sehr beunruhigt, sollten Sie daran denken, dass die zarte Baby-

haut natürlich viel empfindlicher ist als die Haut eines Erwachsenen. Deshalb zeigt sie viel schneller und häufiger Reaktionen, als wir es von uns selbst gewohnt sind. Meistens handelt es sich nur um eine recht harmlose Irritation. Wenn die Reizung aber länger anhält und Sie verunsichert sind, sollten Sie immer den Kinderarzt um Rat fragen.

Symptome

Wenn Sie plötzlich rote Flecken, Pickelchen oder Pusteln auf der zarten Babyhaut feststellen, müssen Sie nicht gleich beunruhigt sein. Hautausschläge treten bei Neugeborenen nämlich recht häufig auf und haben eher selten ernste Ursachen.

Das können Sie selbst machen

In der Zeit, in der das Baby an einem Hautausschlag leidet, sollten Sie ein paar einfache Verhaltensregeln beachten. Beim Waschen und Reinigen der Haut reicht einfaches, warmes Wasser ohne Zusätze von Seife oder Shampoo aus. Die Badetemperatur sollte um die 37 Grad Celsius betragen, allenfalls kann man dem Badewasser ein paar Tropfen Olivenöl zusetzen.

Auf Creme sollten Sie nun erst einmal verzichten, es sei denn, es ist Winter.

Dann braucht die zarte Babyhaut einen gewissen Schutz vor der klirrenden Kälte. Hier sollten Sie ausschließlich Naturprodukte ohne chemische Zusatzstoffe verwenden. Da Babys Hautausschlag auch vom zu scharfen Waschmittel kommen kann, dessen chemische Stoffe Haut und Atemwege reizen, sollten Sie nun für die Babywäsche ein schonendes unparfümiertes Produkt nehmen und auf den Weichspüler sowieso ganz verzichten.

Das macht der Arzt
Sind Sie sich über die Herkunft des Ausschlages im Unklaren und klingt er nicht nach ein oder zwei Tagen von alleine wieder ab, sollten Sie den Arzt um Rat fragen. Er kann die genaue Ursache des Ausschlages herausfinden und eine spezielle Hautsalbe verschreiben.

Hodenhochstand
Diese Krankheit betrifft, wie der Name schon verrät, nur die männlichen Säuglinge.

Ursache
Normalerweise entstehen die Hoden im Bauchraum und wandern dann, gesteuert durch Hormone, in die dafür vorgesehene Hodenhülle. Manchmal bleiben diese aber auf dem Weg stehen. Je nachdem, wo sich die Hoden beim Säugling befinden, unterscheidet man mehrere Formen des Hodenhochstandes. In den allermeisten Fällen korrigiert sich diese Fehllage in den ersten zwölf Lebensmonaten von ganz alleine. Sollte dies nicht der Fall sein, muss der Hodenhochstand behandelt werden, da er später beim Mann zu Unfruchtbarkeit führen kann.

Der Hodenhochstand wird meistens sofort bei Neugeborenen entdeckt, weil der Arzt schon bei der Erstuntersuchung die Hoden des Säuglings abtastet.

Symptome
Bei einem Hodenhochstand ist beim Säugling einer oder beide Hoden nicht vollständig in den Hodensack gelangt.

Das macht der Arzt
Ist die Fehlstellung nach dem ersten Geburtstag des Kindes noch nicht verschwunden, wird der Arzt eine Hormontherapie, eine Operation oder beides empfehlen.

Hüftdysplasie (Schnapphüfte)
Eine Hüftdysplasie ist eine Sammelbezeichnung für angeborene oder erworbene Fehlstellungen des Hüftgelenks. Sie betrifft nur Neugeborene.

Ursachen

Die Hüftdysplasie ist eine Entwicklungsstörung eines bestimmten Teiles der kindlichen Hüfte, nämlich der Pfannendachverknöcherung. Es gibt generell drei Ursachen für eine Hüftdysplasie: Mechanische, genetische oder hormonelle Ursachen. Das Risiko, dass ein Baby mit solch einer Hüftdysplasie auf die Welt kommt, steigt bei folgenden Gegebenheiten:

❍ wenn die Mutter ihr erstes Kind bekommt, denn dann hat sie noch eine straffe Bauchmuskulatur und eine ebenso feste Gebärmutter, wodurch die Bewegungsfreiheit des Ungeborenen eingeschränkt ist, sodass sich die Hüfte u. U. nicht optimal entwickelt

❍ wenn das Kind in der Steißlage geboren wird, also mit dem Po zuerst, denn dann werden seine Hüften in der Gebärmutter stark gebeugt und das Pfannendach kann sich nicht optimal entwickeln

❍ wenn das Kind vor der Geburt von zu wenig Fruchtwasser umgeben ist; auch dann ist seine Bewegungsfreiheit stark eingeschränkt

❍ bei Frühgeburten

❍ Kinder von Eltern, die bereits ebenfalls unter einer Hüftdysplasie gelitten haben, müssen mit einem etwa fünf- bis zehnfach höherem Risiko rechnen

Symptome

Die Hüftdysplasie bedeutet, dass sich durch diese Reifestörung später einmal der Hüftkopf auskugeln kann. Diese Störung tritt viermal so häufig bei weiblichen wie männlichen Säuglingen auf. Es gibt Babys, bei denen die ersten Untersuchungen keine Hinweise auf Probleme mit der Hüfte geben. Dennoch gibt es ein paar Anzeichen, auf die man achten sollte, und die eine Hüftdysplasie andeuten:

❍ man hat das Gefühl, dass ein Bein des Kindes länger ist als das andere

❍ es entstehen zusätzliche Hautfalten zwischen Oberschenkeln und Po

❍ beim Wickeln kann das Baby die Beine nach einer Seite nicht so weit spreizen wie zu der anderen Seite

Die Hüftdysplasie macht dem Säugling nicht unbedingt Beschwerden. Manchmal fällt diese Erkrankung erst auf, wenn das Kind laufen lernt. Ein Hinweis kann sein, wenn man bei seinem Kind eine Art Klick-Geräusch hört, wenn es die Hüfte bewegt. Dies könnte darauf hindeuten, dass sich einer der beiden Oberschenkelknochen des Babys aus dem Becken herausbewegt.

Bis zum Ende des zweiten Lebensjahres kann das kindliche Hüftgelenk auch noch nachreifen, wenn die Erkrankung rechtzeitig erkannt und behandelt wurde. Normalerweise wird der Kinderarzt die Hüfte des Babys schon frühzeitig mit Ultraschall untersuchen und kann so Schäden feststellen.

Spätestens beim Laufenlernen fällt dann auf, dass es vielleicht sehr verspätet mit seinen Gehversuchen beginnt und dann leicht hinkt, dass es beim Auftreten Hüftschmerzen hat oder beim Stehen ein extremes Hohlkreuz bildet.

Das macht der Arzt

Je nachdem, welche Auffälligkeit der Kinderarzt an der kindlichen Hüfte feststellt, gibt es verschiedene Behandlungsmethoden: Meistens reicht es, die Hüfte in einer speziellen Art „breit" zu wickeln, manchmal wird eine Abspreizbehandlung notwendig.

Nur in wenigen, seltenen Fällen muss die Hüfte eingekugelt und in Gips gelegt werden. Erst wenn die zahlreichen Therapien nicht helfen, sollten Sie über eine Operation nachdenken.

Keuchhusten

Der Keuchhusten (Pertussis) ist eine schwere und sehr ansteckende Infektionskrankheit der Atemwege beim Kind.

Ursachen

Verursacht wird die Krankheit durch Bakterien, die als sogenannte Tröpfcheninfektion beim Husten, Niesen oder Sprechen übertragen werden.

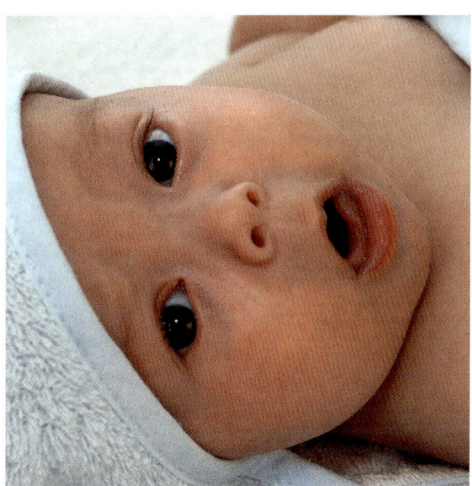

Symptome

Im Gegensatz zu einem normalen Husten macht sich der Keuchhusten durch laute und keuchende Geräusche beim Einatmen nach den Hustenanfällen bemerkbar. Bekommt ein Säugling, der jünger ist als sechs Monate, Keuchhusten, dann besteht hier die Gefahr, dass es zu einem Atemstillstand kommt. Sehr, sehr selten kann die Krankheit sogar tödlich verlaufen. Deshalb raten Kinderärzte auch stets, den Säugling gegen Keuchhusten impfen zu lassen.

Kinderreime – Spaß mit Worten

Das ist der Daumen

Bei diesem Kinderreim wird Ihr Baby vor Spaß quietschen. Sie nehmen seine Hand, sagen den folgenden Reim auf und tippen dabei die Finger nacheinander an. Angefangen wird mit dem Daumen:

Das ist der Daumen,
der schüttelt die Pflaumen,
der liest sie auf,
der bringt sie nach Haus
und der Kleine, der isst sie alle,
alle auf.

Die Katze wollte mausen gehen

Diese kleine Geschichte können Sie mit allen zehn Fingern auf der Haut Ihres Kindes erzählen. Zuerst fallen Regentropfen (mit den Fingerspitzen trommeln). Dann weht der Wind (blasen). Weiche Katzenpfoten sind zu spüren und dann die schnellen, leichten Mäusefüßchen. Lassen Sie sie so lange tänzeln, bis die Maus ein „Loch" gefunden hat, in dem sie sich verstecken kann (z. B. am Hals, im Nacken oder hinter den Ohren).

Die Katze wollte mausen gehen.
Der Regen fällt,
der Wind tut weh'n,
die Katze wollte mausen gehen.
Die Maus, die ist ins Loch geschlüpft
und kommt nicht mehr herausge-
hüpft.

Geht ein Männlein die Trepp' hinauf

Zwei Finger wandern als „Männlein" den Arm oder Bauch des Kindes hinauf, machen unterwegs eine kurze Pause und wandern dann weiter. Beim Anklopfen berühren Sie ganz sanft die Stirn Ihres Kindes, bei „Klingelingeling" zupfen Sie ganz sanft am Ohrläppchen und bei „Guten Tag" stupsen Sie ganz sanft seine Nase.

Geht ein Männlein die Trepp' hinauf.
Geht ein Männlein die Trepp' hinauf.
Bleibt ein bisschen stehen,
und geht dann wieder weiter.
Kommt an eine Tür, klopft an,
macht „Klingelingeling",
sagt „Guten Tag",
ist drin.

Der Keuchhusten verläuft in drei Stadien: Spätestens zwei Wochen nach der Ansteckung bekommt das Kind grippeähnliche Symptome mit Fieber, Husten, Schniefnase und rauem Hals. Danach folgen trockener Husten und Hustenkrämpfe sowie das charakteristische keuchende Einatmen. Nun hustet das Baby glasigen Schleim aus, manchmal erbricht es im Anschluss. Seine Augen sind gerötet, es hat öfter Nasenbluten und kann auch akute Atemnot bis hin zum gefährlichen Atemstillstand bekommen. In diesen Fällen muss das Kind sofort im Krankenhaus behandelt werden.

Das können Sie selbst machen

Hat Ihr Sprössling nur leichten Keuchhusten, so kann man ihn mit einem Antibiotikum behandeln. Das Kind sollte nun nachts warm angezogen in einem kühlen Raum schlafen und viel zu trinken bekommen. In dieser Zeit braucht das Kleine viel frische Luft, Sie sollten also so oft wie möglich mit ihm ins Freie gehen.

Gleichzeitig sollte aber darauf geachtet werden, dass das kranke Kind nicht mit anderen Babys oder älteren Menschen in Kontakt kommt. Im Zusammenhang mit Keuchhusten können gelegentlich auch andere Beschwerden auftreten. Dazu gehören ein Leisten- oder Nabelbruch durch die heftigen Hustenkrämpfe, Krampfanfälle und ein starker Flüssigkeitsverlust, da das Kind häufig erbricht.

Das macht der Arzt

Der Arzt wird dem Kind zur Behandlung Antibiotika verschreiben.

Krupphusten

Eine besonders unangenehme Erkrankung, die meistens Kinder zwischen sechs Monaten und drei Jahren bekommen können, ist der Krupphusten, auch Pseudokrupp genannt.

Ursachen

Bei Kindern in dieser Altersstufe ist der Kehlkopf noch recht eng. Durch Pseudokrupp entzündet sich die Schleimhaut im Kehlkopfbereich und schwillt an – die Kinder bekommen nur sehr schlecht Luft, vor allem dann, wenn die ohnehin beengten Atemwege noch durch Schleim verstopft sind. Pseudokrupp wird meistens durch Viren hervorgerufen, sehr oft geht solch einem Anfall eine normale Erkältung des Kindes voraus. Besonders häufig sind Kruppkinder in Raucherfamilien zu finden, da die schlechte Atemluft die Kruppanfälle noch begünstigt. Krupphusten tritt meistens in den Herbst- und Wintermonaten auf, wenn Erkältungen und Atemwegsinfektionen ohnehin an der Tagesordnung sind. Diese Hustenanfälle werden Pseudokrupp genannt, weil man im Gegensatz dazu den „echten Krupp", auch Diphtherie genannt, unterscheiden muss.

Symptome

Eltern, die zum ersten Mal Pseudokrupp bei ihrem Kind erleben, sind meistens sehr beunruhigt: Das Kind zieht die Luft pfeifend ein und keucht dabei heftig, weil es nicht genug Atemluft bekommt. Besonders erschrecken sie, wenn sie das heftige, bellende Husten ihres Kindes hören, das sie bevorzugt nachts aus dem Schlaf schreckt.

Das können Sie selbst machen

Erstes Gebot für Sie ist es dann, Ruhe zu bewahren, und das Kind nicht durch Ihre eigene Besorgnis zu sehr zu verstören. Stattdessen sollten Sie es auf den Arm nehmen und beruhigend mit ihm sprechen.

Das Ziel ist es zunächst, die Schwellung im Hals- und Kehlkopfbereich wieder zum Abschwellen zu bringen. Ist man darauf vorbereitet, kann man seinem Kind ein Kortison-Zäpfchen verabreichen. Kortison ist ein natürliches Hormon, das in der Nebenniere entsteht. Die Produktion ist aber nachts sehr viel geringer als tagsüber. Deshalb treten die meisten Kruppanfälle rund um Mitternacht auf. In solch einem Fall hilft das Einatmen kühler und feuchter Luft besonders gut, um die Schleimhäute nahe dem Kehlkopf zum Abschwellen zu bringen. Sie sollten mit Ihrem Kind, das Sie vorher gut eingewickelt haben, an ein geöffnetes Fenster oder nach draußen auf den Balkon oder die Terrasse gehen. Ein kurzer Spaziergang durch die frische Luft wirkt schon manchmal Wunder. Man kann auch den Heißwasserhahn im Bad aufdrehen und so für feuchtwarmen

TIPP

Luftbefeuchter

Haben Sie bereits solche Kruppanfälle bei Ihrem Kind erlebt, dann hilft es gelegentlich, wenn Sie vorbeugend die Luft im Kinderzimmer möglichst feucht halten. Dazu gibt es spezielle Wasserbehälter, die man an den Heizkörpern anbringen kann. Es hilft auch, wenn Sie feuchte Wäsche im Kinderzimmer aufhängen oder in sicherer Entfernung zur Reichweite Ihres Kindes eine Schüssel mit dampfendem Wasser aufstellen.

Wasserdampf sorgen. Atmet das Kind diese Luft ein, wirkt dies auch stark abschwellend. Dazu können Sie ihm in kleinen Schlucken Flüssigkeit wie Wasser oder Fruchtsaft zu trinken geben.

Das macht der Arzt

Der Arzt kann bei Krupphusten Kortisonzäpfchen verschreiben.

Masern

Bei Masern handelt es sich um eine hoch ansteckende Infektion der oberen Atemwege.

Ursachen

Verursacht wird die Krankheit durch das Masernvirus, das durch Tröpfcheninfektion übertragen wird. Menschen können sich so gegenseitig durch Niesen oder Husten anstecken.

Lange wurden die Masern als eine harmlose Kinderkrankheit betrachtet, was sie aber nicht sind: Sie schwächen das Immunsystem des Kranken stark und führen nicht selten auch zu Mittelohrentzündung, Bronchitis und Lungenentzündung. In sehr seltenen Fällen kann auch eine Hirnhautentzündung (Meningitis) entstehen.

Eine Impfung gegen Masern wird deshalb von der Ständigen Impfkommission (STIKO) für alle Kinder empfohlen, und zwar als Kombinationsimpfung zusammen mit Mumps und Röteln.

Symptome

Die Kranken bekommen bei dieser Virusinfektion einen typischen rotfleckigen Hautausschlag, dazu Entzündungen von Nasen- und Rachenraum sowie der Bindehaut, außerdem trockenen Husten und Fieber. Die punktförmigen Rötungen beginnen meistens zuerst hinter den Ohren und breiten sich dann über den ganzen Körper aus. Nach etwa drei Tagen bilden sie sich wieder zurück.

Das können Sie selbst machen

Lassen Sie Ihr krankes Kind ein paar Tage lang im Bett und geben Sie ihm reichlich zu trinken.

Das macht der Arzt

Der Arzt wird dem kranken Kind fiebersenkende Mittel verschreiben und ihm Bettruhe verordnen. Hat er bei einem Kind Masern festgestellt, besteht Meldepflicht an die zuständige Gesundheitsbehörde nach dem Infektionsschutzgesetz.

Milchschorf

Kein schöner Anblick, aber auch kein Grund zur Sorge: der Milchschorf. Viele Babys haben ihn, und Sie können den

Tag kaum erwarten, an dem er verschwindet.

Ursachen

Die Mediziner sind der Meinung, die Ursachen noch nicht gefunden zu haben. Es wird vermutet, dass die Entstehung von Milchschorf genetische Ursachen haben muss. Aus naturheilkundlicher Sicht ist der Milchschorf ein erstes Anzeichen, dass der Körper mit der Ausscheidung von Giftstoffen nicht mehr fertig wird.

Symptome

Auf der Kopfhaut Ihres Lieblings bilden sich nämlich gelbliche, schuppige Beläge, die etwas klebrig sind, aber immerhin nicht nässen. Man nennt diesen Kopfschorf auch Gneis. Der korrekte medizinische Ausdruck dafür ist seborrhoisches Ekzem. Milchschorf wird er deshalb genannt, weil er in etwa so aussieht wie geronnene Milch. Auch wenn der Zusammenhang nahe zu liegen scheint, Milchschorf hat nichts mit der Ernährung des Säuglings, also mit dem Füttern von Mutter- oder Fläschchenmilch zu tun.

Das können Sie selbst machen

Dieser Schorf lässt sich aber nur schwer entfernen. Auf keinen Fall sollten Sie sich mit Bürsten oder Kämmen daran begeben, ihn vom Kopf Ihres Kleinen abzukratzen. Dadurch würden Sie die zarte Babyhaut nur unnötig reizen oder gar verletzen. Es reicht völlig, wenn Sie etwas Olivenöl auf die besonders betrof-

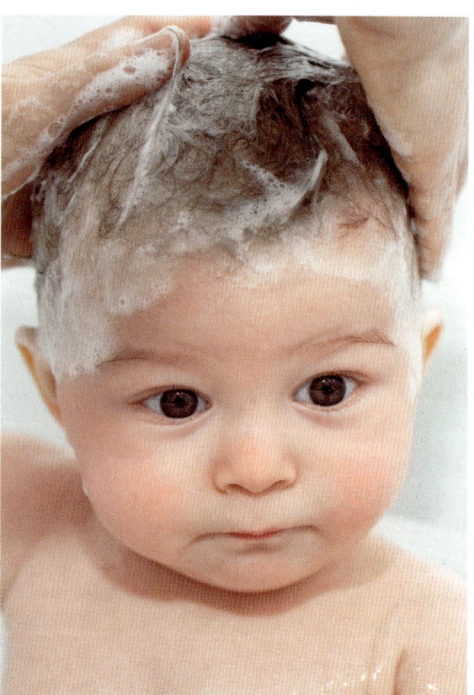

fenen Stellen tropfen und einwirken lassen. Ist der Schorf dadurch weich geworden, können Sie versuchen, ihn vorsichtig auszukämmen. Gelegentlich, aber nicht zu häufig, können Sie den Kopf Ihres Kindes auch mit einem milden Babyshampoo waschen und gründlich mit lauwarmem Wasser abspülen.

Das macht der Arzt

In sehr stark ausgeprägten Fällen sollten Sie den Kinderarzt um eine spezielle Tinktur oder Salbe bitten.

Milien

In den ersten Lebenstagen muss sich die Haut Ihres Säuglings erst einmal an die neuen Bedingungen gewöhnen. Darum kommt es öfter zu Irritationen.

Ursache

Weshalb Milien entstehen, ist unklar. Man beobachtet jedoch eine familiäre Häufung.

Symptome

Wenn die Talg- oder Schweißdrüsen Ihres Kindes verstopft sind, bilden sich besonders in Babys Gesicht kleine weiße Pickel.

Das können Sie selbst machen

Beim Auftreten von Milien muss man gar nichts unternehmen, sondern einfach abwarten. Nach ein paar Tagen verschwinden sie von selbst. Sie sollten auch nicht versuchen, diese Pickelchen auszudrücken, sonst kommt noch eine Entzündung der zarten Babyhaut hinzu.

Mittelohrentzündung

Manche Kinder bleiben davon verschont, viele andere leiden besonders in den ersten Lebensjahren unter einer ständig wiederkehrenden Mittelohrenentzündung.

Ursachen

Eine Mittelohrentzündung entsteht, weil bei kleinen Kindern die Verbindung zwischen Nase-Rachen-Raum und Ohren noch sehr kurz ist. Diese Verbindung

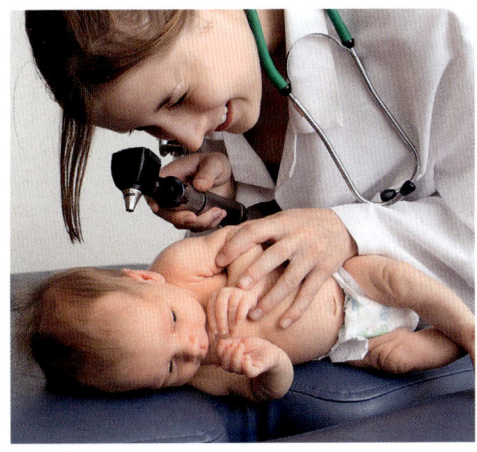

heißt eustachische Röhre und ist verantwortlich für die Belüftung des Mittelohres. Durch diese noch recht kurze Röhre steigen nun sehr schnell Krankheitserreger aus Nase und Rachen zum Ohr hinauf. Hat das Kind eine Infektion, dann schwellen seine Schleimhäute außerdem zu und blockieren das enge Röhrchen. Nun ist das Mittelohr verschlossen und es kommt zu einem Sekretstau. Dadurch wiederum wachsen Bakterien darin schneller – das Kind bekommt Ohrenschmerzen.

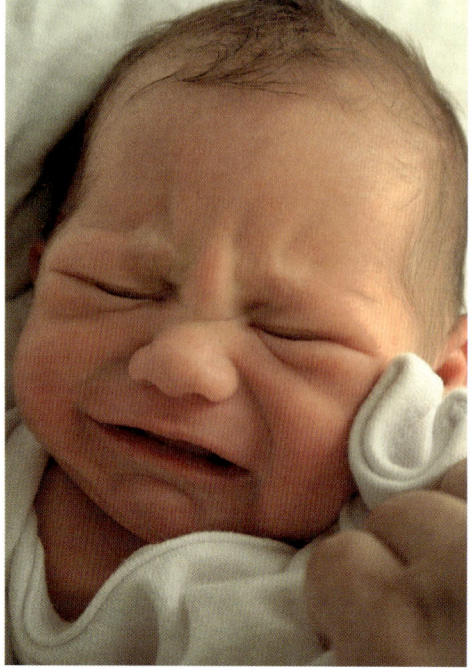

Symptome

Bei einem Baby lässt es sich oft nicht genau sagen, ob es Ohrenschmerzen hat oder nicht, denn es schreit in seinem ersten Lebensjahr ohnehin sehr viel. Trotzdem gibt es einige Symptome, auf die Sie bei Verdacht auf eine Mittelohrentzündung verstärkt achten sollten. Zum einen wird Ihr Kind mit Ohrenschmerzen oft nachts aus dem Schlaf schrecken und dann heftig schreien. Manchmal bekommt es auch Fieber und hat nur wenig Appetit. Die Kinder wollen dann vielleicht nur auf einer Seite liegen, nämlich auf der schmerzenden Seite. Oder sie fassen sich häufig an die Ohren und drehen den Kopf unruhig hin und her.

Das können Sie selbst machen

Als Erste-Hilfe-Maßnahme können Sie Ihrem Kind, falls es starke Schmerzen oder hohes Fieber hat, altersgerechte Schmerzmittel oder Zäpfchen geben, bevor Sie einen Arzt aufsuchen. Sie können es bis zum Besuch beim Kinderarzt auch mit einem Hausmittel versuchen: Dazu hacken Sie bitte eine Zwiebel klein und wickeln diese in ein Stofftaschentuch ein. Nehmen Sie nun dieses Zwiebelpaket und fixieren Sie es mit einem Mützchen oder Stirnband am schmerzenden Ohr des Kindes. Stellen Sie aber sicher, dass Ihr Kind diesen Zwiebelbeutel nicht abreißen oder öffnen kann.

Das macht der Arzt

Häufen sich nun die Anzeichen, dann sollten Sie den Kinderarzt aufsuchen.

Meistens wird bei einer ausgeprägten Mittelohrentzündung neben Nasentropfen zum Abschwellen der Schleimhäute ein Antibiotikum verordnet. Manchmal sind Eltern davon nicht sehr begeistert und würden ihrem Kind gerne zunächst mit sanfteren Heilmitteln helfen. Bei dieser Erkrankung wird aber das Antibiotikum dringend empfohlen.

Wenn die Entzündung sich ausbreiten kann, kommt es nicht selten zu Folgeschäden, wie z. B. einem Riss im Trommelfell oder eine Knochenentzündung. Im schlimmsten Fall kann die Infektion auch die Hirnhäute angreifen. Außerdem wirkt das Antibiotikum effektiv gegen die Schmerzen – Kind und Eltern können dann nachts endlich wieder ruhig schlafen!

Nabelbruch

Ein Nabelbruch tritt häufig direkt nach der Geburt auf.

Ursachen

Nabelbruch entsteht dadurch, dass von innen ein Stück Darm durch die noch nicht vollständig geschlossene Bauchmuskulatur des Säuglings auf den Nabel drückt und ihn so nach außen schiebt. Dies kann z. B. passieren, wenn das Kind sehr viel schreit. Dieser Zustand tritt aber nur äußerst selten ein.

Symptome

Wenn sich bei einem Neugeborenen der Nabel nach außen vorwölbt, sollten Sie einen Arzt um Rat fragen, denn hier könnte ein Nabelbruch vorliegen.

Das macht der Arzt

Ist die Vorwölbung sehr groß, muss der Nabelbruch möglicherweise operiert werden. Ehe Sie sich zu sehr sorgen, sollten Sie also den Kinderarzt fragen. Denn manche Nabelformen sind von Natur aus stark vorgewölbt, ziehen sich aber nach einer gewissen Zeit zusammen und sinken dann nach innen.

Neugeborenengelbsucht

Es kommt recht häufig vor, dass der Arzt direkt nach der Geburt beim Baby eine Neugeborenengelbsucht feststellt.

Ursachen

Diese Störung, die auch „Neugeborenen-Ikterus" oder „Hyperbilirubinämie" genannt wird, ist durch eine zu hohe Konzentration des Stoffes Bilirubin entstanden. Bilirubin ist ein Abbauprodukt des Hämaglobins (roter Blutfarbstoff) aus abgestorbenen roten Blutkörperchen.

Es muss nach der Geburt über die Leber des Kindes aus dem Blutkreislauf ausgeschieden werden. Manchmal dauert es mehrere Tage oder sogar bis zu zwei Wochen, ehe der Säugling dies allein leisten kann. In dieser Zeit wird das Neugeborene von Ärzten oder durch die Hebamme überwacht. Je nach Stärke der Gelbsucht muss diese entsprechend behandeln werden, da der Farbstoff sich im Gehirn ablagern und möglicherweise dadurch zu Schäden führen kann.

INFO

Risikogruppen

Besonders Frühgeborene haben häufiger Gelbsucht als andere Babys, da ihre Leber noch viel weniger ausgereift ist. Anfällig sind neben den Frühchen auch Babys, die eine Blutgruppenunverträglichkeit haben (eine sogenannte Rhesus- oder ABO-Inkompatibilität). Ebenfalls betroffen sind die Neugeborenen, die eine schwere Geburt durchlitten und davon Druckstellen und Blutergüsse (Hämatome) davongetragen haben.

Symptome

Wenn Babys Haut sich gelb färbt, und kurz darauf auch das Weiß seiner Augen eine gelbliche Färbung annimmt, dann liegt eine Gelbsucht vor. Weitere Symptome sind, wenn das Kleine schläfriger wirkt als andere Neugeborene und schlechter trinkt.

Das macht der Arzt

Zur Behandlung wird häufig eine Lichtoder Phototherapie eingesetzt. Diese hilft, ebenso wie die Gabe von viel Flüssigkeit, den Bilirubinspiegel zu senken.

Bei der sehr selten auftretenden schwereren Form der Neugeborenengelbsucht ist eine Bluttransfusion notwendig.

Neurodermitis

Neurodermitis ist eine chronische, schubweise verlaufende Krankheit, bei der Ihr Kind Ekzeme, Entzündungen und heftigen Juckreiz auf der Haut bekommt.

Ursachen

Haben Sie als Eltern bereits Neurodermitis, so ist es wahrscheinlich, dass das Kind dies von Ihnen geerbt hat.

Symptome

Schon bei Babys kann sich früh die Hautkrankheit Neurodermitis einstellen. Man erkennt dies daran, dass Ihr Kind ständig sehr trockene und raue Haut hat, und sich auch Ekzeme bilden. Hat Ihr Baby sogar stark entzündete, rote, nässende oder sogar verkrustete Stellen im Gesicht, am Hals, auf dem Kopf und hinter den Ohren, dann handelt es sich ziemlich sicher um eine sehr frühe Form von Neurodermitis.

Das können Sie selbst machen

Wenn Sie unsicher sind, ob es sich tatsächlich um Neurodermitis handelt, bleibt Ihnen nur der Gang zum Kinderarzt: Nur so kann man ganz sichergehen, ob sich der Verdacht bestätigt oder nicht. Auf Hausmittel oder gute Ratschläge von Bekannten sollten Sie sich in diesem Fall nicht verlassen. Bei an Neurodermitis erkrankten Kindern ist tägliches Cremen der betroffenen Hautstellen sehr wichtig.

Das macht der Arzt

Der Kinderarzt kann Ihnen eine entsprechende Salbe verschreiben und auch einige Tipps zur Ernährungsumstellung für Ihr Kind geben. Fachleute gehen davon aus, dass die Ernährung einen großen Einfluss auf diese Hautkrankheit hat.

Inzwischen gibt es verschiedene Therapien, um die Neurodermitis zu behandeln. Neben der Basispflege der Haut mit den entsprechenden Cremes kann man Neurodermitis auch mit Harnstoff, Teerpräparaten, Gerbstoffen und speziellen Badezusätzen behandeln. Weiter

gibt es die Möglichkeit, dem Patienten Kortison zu verordnen oder ihn mit einem Kortison-Ersatzstoff zu behandeln. Eine neuere Therapiemöglichkeit ist die Lichttherapie, die aber bei Babys eher selten angewandt wird, da die Kleinen unter der „künstlichen Sonne" nicht lange genug stillliegen.

Plötzlicher Kindstod

Der plötzliche Kindstod ist die häufigste Todesursache im ersten Lebensjahr. Kerngesund versterben die Kinder meist nachts. Die Ursachen sind nach wie vor nicht vollständig bekannt.

Ursachen

Es gibt keine besonderen Krankheiten oder Auffälligkeiten, die dem plötzlichen Kindstod vorausgehen. Augenscheinlich kerngesunde Säuglinge sterben im Schlaf, und die Mediziner forschen noch heute nach den genauen Ursachen. Das Sudden Infant Death Syndrome (SIDS) tritt vergleichsweise selten auf, Forscher haben bis heute keine ausreichende Erklärung für die Ursachen.

Symptome

Das Kind, das vom plötzlichen Kindstod betroffen ist, zeigt vorher keinerlei Symptome, die zur Vorbeugung dieses Schicksalsschlages beitragen könnten.

Deshalb ist dies immer ein schwerer emotionaler Schock für die Eltern, weil sie keine Krankheitssymptome an ihrem Kind bemerkt haben und folglich auch keine Maßnahmen einleiten konnten, um ihr Kind zu schützen.

Das können Sie selbst machen
Besorgte Eltern von Risikokindern (s. Kasten) sollten sich mit dem Kinder-

arzt absprechen und sich von ihm beraten lassen. Sie selbst können einige Maßnahmen beachten, die das Risiko eines plötzlichen Kindstodes mindern: Sie sollten zunächst einmal auf eine völlig rauchfreie Umgebung für Ihr Baby achten. Rauchen Sie, sollten Sie bereits nach Feststellen der Schwangerschaft damit aufhören. Die Zimmertemperatur, in der der Säugling schläft, sollte zwi-

INFO

Risikofaktoren für SIDS
Bisher konnten Forscher eine Reihe von Risikofaktoren bei Neugeborenen feststellen:
○ rauchende Eltern
○ die Bauchlage des Kindes beim Schlafen
○ eine Überwärmung des Säuglings durch eine zu stickige Umgebung mit zu wenig Luftzirkulation oder zu warmen Decken
○ Kinder mit niedrigem Geburtsgewicht
○ Frühgeburten
○ Kinder aus Mehrlingsgeburten
○ Säuglinge mit zahlreichen älteren Geschwistern
○ Babys von sehr jungen Müttern unter 20

○ Kinder aus sozial benachteiligten Familien
○ Kinder von Alleinerziehenden
○ ist bereits ein Geschwisterkind am plötzlichen Kindstod verstorben, gehört das Neugeborene zur Risikogruppe der Hochgefährdeten; in solch einem Fall können Sie den Schlaf Ihres Kindes mit einem speziellen Monitor überwachen
○ starkes Schwitzen im Schlaf
○ Kinder, die öfter lange Atempausen machen
○ ungewöhnlich blasse Kinder oder Kinder mit blau angelaufenen Armen und Beinen
○ Babys, die bereits ein lebensbedrohliches Ereignis überstanden haben

schen 16 und 18 Grad Celsius liegen. Empfohlen wird auch, das Baby in Rückenlage schlafen zu lassen, am besten in einem Baby-Schlafsack. Zusätzliche dicke Decken, Kissen oder Mützen sind in den ersten Lebensmonaten nicht nötig. Am besten schläft das Neugeborene auf einer festen, luftdurchlässigen Matratze ohne zusätzliche Felle oder Nester. Ein allgemeiner Schutz ist auch, das Kind in den ersten sechs Lebensmonaten zu stillen. Wenn Sie dennoch unsicher sind, sollten Sie sich nicht scheuen, das Kinderbett in Ihr Schlafzimmer zu stellen. Die ständige Nähe zum Kind, die Möglichkeit, schneller Auffälligkeiten festzustellen, geben allen Beteiligten ein beruhigendes Gefühl.

Das macht der Arzt

Sind die Eltern extrem besorgt, oder gibt es Grund zur Annahme, dass ein Kind besonders gefährdet ist, kann der Arzt eine Überweisung in ein Schlaflabor ausstellen: In manchen großen Kliniken gibt es diese Schlaflabors, in denen gefährdete Kinder testweise für ein oder zwei Nächte an einen Überwachungsmonitor angeschlossen werden können. Auch mit einem tragbaren Monitor für zu Hause kann man den Schlaf seines Kindes und eventuelle Atemaussetzer überwachen. In jedem Fall sollten Eltern ihre Besorg-

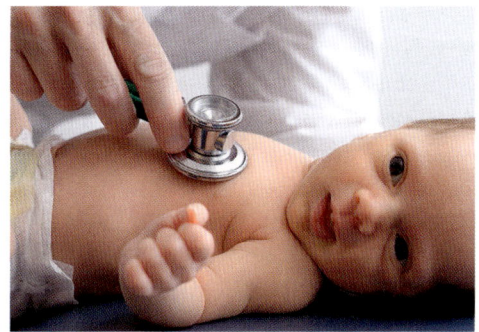

nisse über eine mögliche Gefährdung ihres Babys intensiv mit dem Kinderarzt besprechen.

Rachitis

Die Kinderkrankheit Rachitis bedeutet eine Form der Knochenerweichung, ein anderer Name dafür ist „Englische Krankheit".

Ursachen

Rachitis entsteht durch einen Mangel an Vitamin D. Dann verkalken die Knochen nicht genügend und bleiben eher weich. Dies bedeutet, dass sie sich bei Belastung leichter verbiegen.

Symptome

Diese Kinderkrankheit tritt meistens bei Kindern zwischen zwei Monaten und zwei Jahren auf. Erste Anzeichen für eine Rachitis sind Unruhe, Schreckhaftigkeit und starkes Schwitzen, es kann

Schwierigkeiten haben, den Kopf zu heben und es wird auch Durchfall haben. Außerdem kann man bei solchen Kindern eine recht schlaffe Bauchdecke beobachten, aber auch Verstopfung und Krämpfe. Gelegentlich lassen sich auch Veränderungen am Skelett erkennen. Wird die Rachitis nicht erkannt und behandelt, kommt es bei den betroffenen Kindern zu einem verspäteten Verschluss der Schädelnähte, oder die Schädelknochen erweichen. Außerdem können Verkrümmungen des Skeletts auftreten. Davon besonders betroffen sind die Wirbelsäule, das Becken und die Oberschenkelknochen – die Folge davon sind die sogenannten O-Beine. Rachitis kann auch Probleme beim Zahnen verursachen. Hier kann es bedeuten, dass die Zähnchen später und verzögert kommen, dass sie Defekte am Zahnschmelz aufweisen und die Kinder später leichter Karies bekommen.

Das können Sie selbst machen

Vor kurzem haben Gynäkologen festgestellt, dass unter werdenden Müttern ein weitverbreiteter Vitamin-D-Mangel herrscht. Dieser soll unter anderem für die steigende Anzahl der Kaiserschnitt-Geburten sein. Anders als Neugeborene können die Schwangeren selbst vorsorgen und ihren Vitamin-D-Haushalt ausgleichen: Vitamin D ist in Milch, Lebertran, Hühnereiern sowie in fettem Fisch wie Lachs, Thunfisch, Hering und Makrele enthalten. Außerdem bildet der menschliche Körper genügend Vitamin D, wenn man sich nur etwa eine Viertelstunde täglich in der Sonne aufhält. Zu künstlichen Vitamin-D-Präparaten sollten Schwangere dagegen nicht greifen, sondern sich im Zweifelsfall lieber mit ihrem Arzt beraten.

Das macht der Arzt

Um das Auftreten von Rachitis zu verhindern, bekommen Neugeborene in Deutschland während ihres gesamten ersten Lebensjahres Vitamin-D-Tabletten verabreicht, die auch gleich noch zur Kariesprophylaxe mit Fluor kombiniert werden. Dadurch tritt die Krankheit in unseren Breiten kaum noch auf. Sind dennoch Kinder betroffen, so verordnet der Arzt neben dem Vitamin D noch Kalzium und die Bestrahlung mit Sonnenlicht oder unter der Höhensonne. Nach einer solch intensiven Behandlung korrigieren sich die bereits festgestellten Knochenverbiegungen meistens von alleine. Das Vitamin D ist verschreibungspflichtig und sollte immer vom Kinderarzt verordnet werden. Er kann auch einschätzen, wie lange das Baby diese Medizin einnehmen muss.

Kinderlieder – Musik entdecken

Summ, summ, summ!

1. Summ, summ, summ! Bien-chen, summ he-rum!
Ei, wir tun dir nichts zu-lei-de, flieg nur aus in Wald und Hei-de.
Summ, summ, summ! Bien-chen, summ he-rum!

ABC, die Katze lief im Schnee

1. A B C, die Kat-ze lief im Schnee. Und
als sie wie-der raus-kam, da hat sie wei-ße Stie-fel an, o-
je-mi-ne, o-je-mi-ne, die Kat-ze lief im Schnee.

Schilddrüsenunterfunktion

Die häufigste angeborene Hormonstörung bei Babys ist eine Unterfunktion der Schilddrüse. Sie kommt bei einem von etwa 4.000 Neugeborenen vor, Mädchen sind etwa doppelt so häufig davon betroffen wie Jungen.

Ursachen

Ursache ist eine Entwicklungsstörung bei der Hormonbildung. Wird eine unerkannte Schilddrüsenunterfunktion bei Kindern nicht behandelt, kann dies schwerwiegende Folgen haben, da die Schilddrüsenhormone auch für das körperliche Wachstum und die Entwicklung des Gehirns verantwortlich sind.

Symptome

Die Symptome sind sehr vielfältig: Ein verspäteter Geburtstermin und hohes

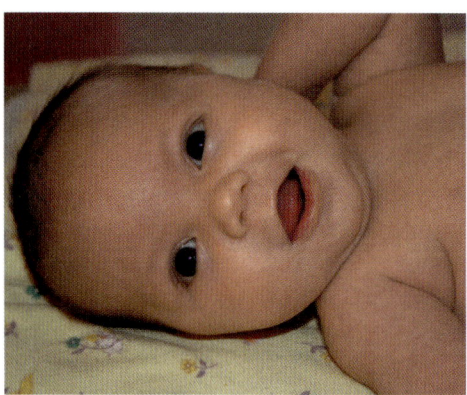

Geburtsgewicht können darauf deuten. Ebenso offene und kleine Fontanellen, eine Trinkschwäche, Verstopfung, eine verlängerte Gelbsucht, trockene Haut und sprödes Haar, eine vergrößerte Zunge, eine geistige und körperliche Entwicklungsstörung, Untertemperatur, Bewegungsarmut, Muskelschwäche, ausdruckslose Mimik und auch ein Nabelbruch.

Das macht der Arzt

Wird diese Störung entdeckt, so gibt man dem Neugeborenen das fehlende Schilddrüsenhormon, und die Entwicklung läuft weiterhin völlig normal.

Soor

Bei Soor handelt es sich um einen Pilz mit Namen Candida albicans. Er kann auf Brustwarzen, in den Milchgängen, in der Scheide der Mutter und auch im Windelbereich des Babys (Windelsoor bzw. Windeldermatitis) auftreten.

Ursachen

Mütter sind anfälliger für den Soor-Befall, wenn:
○ sie vorher Antibiotika bekommen haben, z. B. nach einem Kaiserschnitt oder einer Brustentzündung
○ ihre Brustwarzen Risse oder Verletzungen haben

❍ sie Stilleinlagen verwenden, da diese eine feuchtwarme Atmosphäre entstehen lassen

❍ sie zu viele Milchprodukte, Süßspeisen oder künstliche Süßstoffe zu sich nehmen

❍ sie unter Mängeln an Eisen, Folsäure sowie den Vitaminen A, B, C und K leiden

❍ sie die Antibiotika über einen längeren Zeitraum (einen Monat) einnehmen, selbst wenn diese Einnahme schon einige Zeit zurückliegt

❍ sie die östrogenhaltigen Antibabypillen einnehmen

❍ sie die Langzeitsteroiden, wie sie z. B. bei Asthma verordnet werden, einnehmen

Bei Babys tritt verstärkt Soor auf, wenn es

❍ mit Antibiotika behandelt wurde,

❍ einen Schnuller nimmt

Symptome

Auf folgende Symptome sollten Sie achten:

❍ starke Schmerzen in der Brust oder in den Brustwarzen, die besonders beim Stillen oder beim Benutzen der Milchpumpe auftreten und auch durch neue Positionen und Anlegetechniken nicht besser werden

❍ Brustwarzen, die jucken, brennen, rosa oder rot, glänzend und fleckig aussehen oder mit Ausschlag oder Bläschen bedeckt sind

❍ offene Brustwarzen

❍ Infektionen der Scheide mit Hefepilzen

Diese Warnhinweise gelten bei den Neugeborenen:

❍ cremige, weiße Ablagerungen im Mundraum, auf den Wangen oder auf der Zunge,

❍ der Säugling wendet sich häufig von den Brustwarzen ab oder verweigert die Brust ganz

❍ er macht ein klickendes Geräusch beim Stillen

❍ er ist unruhig, leidet unter Blähungen

Das können Sie selbst machen

Sie sollten Ihr Kind nun häufiger und dafür kürzer anlegen und mit der jeweils weniger schmerzenden Brust beginnen. Wird Milch abgepumpt, so sollten Sie während der Infektion diese nicht dem Baby zu trinken geben. Auch alle Teile der Milchpumpe müssen in dieser Zeit täglich ausgekocht werden. Da die Pilze auch in der Muttermilch selbst vorkommen können, ist es wichtig, sich nach dem Stillen zunächst sorgfältig die Hände waschen. Babys Schnuller muss nun täglich ausgekocht werden, am besten etwa 20 Minuten lang, um die Soorerreger zu bekämpfen. Ist die Infektion vorbei, sollte besser ein ganz neuer Satz Schnuller gekauft werden. Benutzen Sie Einmal-Stilleinlagen, so sollten Sie diese nach jedem Stillen wegwerfen. Verwenden Sie Einlagen aus Stoff, dann empfiehlt es sich, diese nach dem Stillen mit heißem Wasser auszukochen und erst danach wieder zu benutzen.

Je nach Alter des Babys hat es auch schon Spielzeug, das es möglicherweise in den Mund steckt. Auf diese Art und Weise können die Soorerreger auch auf andere Kinder übertragen werden. Das Babyspielzeug sollte also häufig mit heißem Wasser gereinigt werden. Aber nicht nur Mutter und Kind sind betroffen, auch Männer können sich mit Soor infizieren, z. B. beim Geschlechtsverkehr mit der Frau. Die Besonderheit bei ihnen: Hier treten selten Beschwerden auf. Wenn eine Soorinfektion nach der ersten Behandlung noch nicht verschwunden ist oder nach einer Weile wieder auftritt, so wird meistens dazu geraten, die gesamte Familie zu behandeln.

Das macht der Arzt

Wurde Soor festgestellt, müssen Sie und Ihr Kind nun gleichzeitig behandelt werden. Beide werden dasselbe Medikament erhalten, und oft ist die Infektion innerhalb von ein bis zwei Tagen wieder abgeklungen. In manchen Fällen dauert es etwas länger, etwa fünf Tage. In dieser Zeit können Sie Ihr Kind dennoch weiterstillen.

Verdauungsstörungen

Besonders in den ersten drei Monaten ist die Verdauung des Babys problematisch, jedoch müssen Sie sich hier keine Sorgen machen.

Ursachen

Leidet ein Neugeborenes an Verdauungsstörungen, so kann dies daher rühren, dass es zu wenige Bifidusbakterien im Darm hat.

Symptome

Verdauungsstörungen äußern sich in Verstopfung, Blähungen oder Durchfallerkrankungen beim Baby.

Das können Sie selbst machen

Meistens lässt sich dieser Mangel durch eine Nahrungsumstellung schnell beheben. In diesem Fall sollten Sie – natürlich nach Absprache mit dem Kinderarzt – dem Kind eine spezielle Nahrung geben, die pre- oder probiotische Kulturen enthält. Diese gelten als natürliche Verdauungshilfe. Es handelt sich dabei um bestimmte Ballaststoffe, die dazu geeignet sind, die Anzahl der Bifidusbakterien im Darm zu erhöhen. Solche probiotischen Bakterien sind beispielsweise Milchsäurebakterien. Auch die normale Baby-Flaschennahrung erhält einen Anteil an diesen verdauungsfördernden Kulturen. Wird das kranke Kind gestillt, sollte es die Mutter während seiner Durchfallphase möglichst häufig an die Brust legen. Bekommt das Kind Fläschchennahrung, so sollte es mehrere Stunden lang nur die Speziallösung zu trinken bekommen. Danach wird es nach Anweisung des Arztes gefüttert, denn der Darm benötigt zur Regeneration viel Nahrung. Auch der Zusatz von Milchzucker ist ein bewährtes Mittel, um eine regelmäßige Verdauung zu erreichen, ebenso wie Fencheltee, allerdings ungesüßt.

Das macht der Arzt

Hat das Kind Durchfall, so sollten Sie zuerst den Kinderarzt um Rat fragen. Es ist dabei sehr wichtig, den entstandenen Wasserverlust besonders bei Säuglingen so schnell wie möglich auszugleichen. Außerdem verliert das Kind beim Durchfall bestimmte Mineralstoffe (Elektrolyte), die ebenfalls wieder nachgefüllt werden müssen. Dazu gibt man ihm am

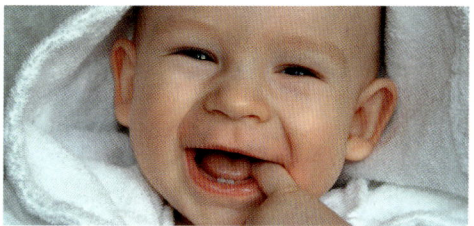

besten eine spezielle Lösung aus Traubenzucker und Mineralstoffen.

Zahnen

Auch wenn das Baby ohne Zähne geboren wird, sie schlummern schon in seinem Ober- und Unterkiefer. Ist das Kleine etwa drei Monate alt, werden die Zahnkronen durch die Zahnwurzeln nach oben geschoben und durchbrechen die Schleimhaut. Dieses Zahnen läuft nach einer festen Programmierung ab, ist also bei allen Babys gleich. Zunächst bekommt der Säugling die zwei unteren Schneidezähne, und zwar etwa im siebten Monat. Mit etwa einem halben Jahr hat das Baby bereits alle acht Schneidezähne, mit etwa zweieinhalb Jahren ist das Milchzahngebiss meistens komplett. Babys Zähnchen stellen für viele junge Familien eine harte Bewährungsprobe dar. Nur wenige brechen ganz unauffällig durch. Meistens ist das Zahnen mit stundenlangen Schreianfällen, starken Schmerzen des Babys, Fieber oder anderen Krankheitssymptomen verbunden.

INFO

Frühe Entwicklung

Viele Eltern wissen es gar nicht: Die ersten Milchzähnchen ihres Kindes beginnen schon in der sechsten bis achten Schwangerschaftswoche, sich zu entwickeln. In dem dann noch winzig kleinen Kiefer entstehen Zahnleisten oder Kauleisten, in denen die Keimanlagen für die 20 Milchzähne des Kindes liegen. Ist die Mutter im vierten Monat, fangen die kleinen Zahnknospen des ungeborenen Kindes bereits damit an, Zahnhartsubstanzen wie Schmelz und Dentin zu bilden.

Wird das zahnende Kind gestillt, so fürchten viele Mütter, dass es nun seine neuen Kauwerkzeuge einsetzen und sie beißen wird. Diese Sorge ist unberechtigt, wenn das Kind erst die beiden unteren Schneidezähne hat. Damit kann es nämlich noch gar nicht zubeißen, da die Zunge darüber liegt und außerdem noch der Gegenbiss im Oberkiefer fehlt. Die Stillmütter können also weiter unbesorgt ihr Kind an die Brust legen. Das Stillen kann allerdings durch den hohen Gehalt an Milchzucker in der Muttermilch bereits Karies verursachen. Besonders nachts ist diese Gefahr gege-

ben, denn nun ist der Speichelfluss des Babys stark reduziert, und der Milchzucker bleibt wesentlich länger auf Babys Zähnen liegen. Am besten ist es also, gleich nach dem ersten Zahnen seinem Kind abends die Zähne zu putzen, und es nachts nur mit Wasser zu füttern.

Symptome

Sollten Sie sich Gedanken darüber machen, ob Sie rechtzeitig bemerken, wann Ihr Baby anfängt zu zahnen, so können Sie ganz beruhigt sein – die Anzeichen dafür sind unübersehbar: Zunächst wird Ihr Kind plötzlich anfangen, laut zu schreien, und sich gar nicht wieder beruhigen lassen; dies ist das erste untrügliche Zeichen dafür, dass nun die ersten Zähnchen versuchen, durchzubrechen. Das Baby wird nun sehr unruhig sein, viel quengeln und jammern, ohne dass es auf den ersten Blick einen Grund gibt. Möglich ist auch, dass nun Babys Bäckchen ganz rot werden und das Zahnfleisch wund und geschwollen aussieht. Der Sprössling wird jetzt auf alles beißen, was er mit dem Mund schnappen kann. Dies kann bei stillenden Müttern auch einmal die Brustwarze sein. Wird das zahnende Kind, das zu diesem Zeitpunkt ja bereits etwa ein halbes Jahr alt ist, schon mit dem Löffel gefüttert, kann es sein, dass es diesen jetzt ablehnt. Der Grund ist, dass man unbeabsichtigt mit dem Löffel über die schmerzende Zahnleiste fährt.

Manche Babys bekommen beim Zahnen auch leichtes Fieber. Bei vielen zahnenden Kindern ist auch eine Tendenz zum Wundwerden am Po zu beobachten. Die Risse in der zarten Babyhaut können so tief sein, dass es sogar anfängt zu bluten. Wichtig ist es nun, den Po immer warm und trocken zu halten und viel Luft an die entzündeten Hautstellen zu lassen. Eine beruhigende Creme oder Lotion wird ebenfalls helfen.

Das können Sie selbst machen

Unterstützen können Sie Ihr Kind beim Zahnen, indem Sie ihm etwas geben, worauf es beißen kann. Besonders geeignet sind „Kühlbeißringe". Dies sind Beißringe mit einer Füllung, die man im Kühlschrank lagern muss. Die so eisgekühlten Plastikringe helfen dem Baby einerseits als Beißmaterial, andererseits bringt die Kälte der empfindlichen Kauleiste des Babys große Erleichterung. Kaufen können Sie sie entweder in Apotheken oder in Geschäften für Babybedarf.

Es gibt auch spezielle Zahnungscremes, die Sie Ihrem Kind auf den Kiefer reiben können. Sie betäuben leicht und sollen so die starken Zahnungsschmerzen etwas lindern. Manche Mütter schwören

INFO

Schädlich für die Zähne?

Andauerndes Daumenlutschen oder ständiger Gebrauch eines Schnullers kann beim Säugling zu einer Verformung des Kiefers führen. Meistens reguliert sich der Kiefer aber von selbst, wenn die bleibenden Zähne kommen. Dennoch kann man eine Kieferdeformierung vermeiden, indem man seinem Baby den Schnuller nicht als Dauerlösung zur Ruhigstellung in den Mund steckt, sondern nur hin und wieder für eine halbe Stunde.

auch auf homöopathische Mittel, die gut helfen sollen, oder geben dem Kind eine Veilchenwurzel aus der Apotheke, dem Babyhandel oder einem Bioladen, auf der sie herumkauen können.

Hier kommt es auf die Einstellung der Eltern an, zu welcher Richtung sie tendieren. Fest steht aber, dass die Zeit des Zahnens weder für das Baby noch für Sie ohne Schwierigkeiten verläuft.

Impfungen

Kaum ein Thema ist bei Eltern so umstritten wie das Thema „Impfungen". Mütter und Väter fragen sich, wie viele Impfungen ihr Kind wirklich braucht, was sinnvoll und was möglicherweise überflüssig ist. Es gibt dazu viele Meinungen, in denen der Impfschutz als wesentliche Krankheitsvorsorge auf der einen und die möglicherweise auftretenden Impfschäden auf der anderen Seite eine Rolle spielen. Die letzte Entscheidung kann den Eltern niemand abnehmen. Was man aber tun kann, um für seinen Sprössling die beste Lösung zu finden, ist, sich zu informieren. Je mehr man über die einzelnen Impfungen und die Krankheiten, vor denen das Baby damit geschützt ist, weiß, umso besser kann man entscheiden. Auch ein intensives Gespräch mit dem Kinderarzt über das Impfen sollte geführt werden. Nachfolgend der aktuelle Impfplan für ein Kind, der von der Ständigen Impfkommission (STIKO) des Robert-Koch-Instituts und den meisten bundesdeutschen Kinderärzten empfohlen wird.

Impfplan für das erste Jahr

○ Kinder im zweiten Monat: Hier wird empfohlen, sie gegen Diphterie, Tetanus, Haemophilus influenza Typ B (Hib), Kinderlähmung, Pneumokokken und Hepatitis B impfen zu lassen (erste Impfung)
○ Kinder im dritten Monat: Diphterie, Tetanus, Haemophilus influenza Typ B (Hib), Kinderlähmung, Pneumokokken und Hepatitis (zweite Impfung)
○ Kinder im vierten Monat: Diphterie, Tetanus, Haemophilus influenza Typ B (Hib), Kinderlähmung, Pneumokokken und Hepatitis (dritte Impfung)
○ Kinder im elften Monat: Diphterie, Tetanus, Haemophilus influenza Typ B (Hib), Kinderlähmung, Pneumokokken und Hepatitis (vierte Impfung); außerdem: Masern, Mumps, Röteln (erste Impfung) und Windpocken (erste Impfung)
○ Kinder im zwölften Monat: Meningokokken

Eine neuere Impfung wirkt gegen Brechdurchfälle beim Kind zwischen dem sechsten und 24. Lebensmonat, die durch Rotaviren hervorgerufen werden. Die Erkrankung durch Rotaviren verläuft meistens sehr heftig, und das Baby kann sehr viel Flüssigkeit verlieren. Diese Art der Viren ist extrem ansteckend und wird über den Stuhl von infizierten Personen übertragen. Kinderärzte raten deshalb zu einer Schluckimpfung vor der zwölften Lebenswoche des Säuglings. Die dann begonnene Immunisierung sollte bis zum sechsten Lebensmonat abgeschlossen werden. Das geht auch gleichzeitig mit anderen Impfungen während der U3, U4 und U5.

Register

Bildnachweis

Wir bedanken uns bei allen Bildlieferanten, die uns durch die Bereitstellung von Abbildungen freundlicherweise unterstützt haben.

djd/deutsche journalisten dienste: djd/direkt gesund 10, 36; djd/Weleda 8; djd/Deutsche BKK 22
fotolia.com: Vasina Nazarenko 7; Herbie 9; Dmitry Naumov 11; aieaieaie13 13; AlexQ 14; Hannes Eichinger 17, 27; Yanik Chauvin 23; photofey 24, 41; Anja Roesnick 26; ChantalS 28; Mariusz Blach 31; farbkombinat 39; emin kuliyev 43; Gina Sanders 45; markokq 47; Pavel Losevsky 50; Denis Tabler 56; yannik LABBE 58; mmm 61; Brebka 62; nyul 66; Alena Root 68; GAUTIER22 73; Kurhan 74; Bernhard Sedlmaier 78; Lisa Eastman 79, 85; Alexandra Belikova 91
istockphoto.com: lisegagne 18
mauritius images: 5, 35, 42, 55, 60
Oppenauer, Doris: 87
stock.xchng: thier 80; SEPpics 88